英語は
英語で考えないと
話せません

発音革命：音節リズムの法則
英語革命：Thinking in English

まえがき

　英語を会社の公用語にする企業があらわれました。その一方で、中学から大学まで10年間勉強した上に、さらに英会話学校などに通っても、大部分の日本人は英語が話せないという現状があります。TOEICやTOEFLなどの国際的英語検定テストでは、日本は常に世界で最下位国の一つに甘んじています。

　これだけ近代的教育制度が整備されていて、国民の勤勉さにおいても決して他の国に後れを取ることのない日本が、このような状態であることは、世界の七不思議と言っても過言ではないでしょう。ですから企業で働いている人たちの英語力は、はたして企業が求めるレベルに達しているのかが問われることになります。このような状況の中でも、企業は英語を公用語にしなければならないというのは、それだけ企業が置かれている経営環境は、厳しい国際化にさらされているのです。

　このような状況に対して、英語教育の現場は、どう応える事ができているのでしょうか。

　日本の英語教育現場は、小学校から英語を教えるなど、制度の変革が、政治主導で進められているばかりで、英語教育の内容は依然として、物まねであり、翻訳が中心です。

　この物まねと翻訳主義を、根本から問い直す英語教育を提唱しているのです。つまり「物まねから『音節リズムの法則』へ」、「返り読みの翻訳から『英語は英語の語順で感じ考える、英語の思考法』へ」という英語教育の革命を提唱しているのです。

　末筆ながら、この本の出版には創英社／三省堂書店の高橋淳氏の多大なご協力と励ましを頂きましたことを感謝しお礼申し上げます。

　　　2014年盛夏　　　　　　　　　　　　　　　ダン上野

CONTENTS

第一部　発音実践編　発音革命：音節リズムの法則

「リズム」がなければ英語ではない ・・・・・・・・・・・・・・・・・・・・・・・・・・・ *9*
英語には「強弱リズム」と「音節リズム」がある ・・・・・・・・・・・・・・・ *10*
「音節リズム」が発音の最優先事項 ・・・・・・・・・・・・・・・・・・・・・・・・・ *12*
音節リズムは、「一音節一音の理論」とまとめることができる ・・・・・ *13*
音節リズムは、豊かな英語の森の入口 ・・・・・・・・・・・・・・・・・・・・・・ *14*
パトリックではなく「パッ・リック」と２拍で発音する ・・・・・・・・・ *15*
タクシーではなく「ターク・シー」と２拍で ・・・・・・・・・・・・・・・・・ *16*
音節リズムが、通じる発音の決め手 ・・・・・・・・・・・・・・・・・・・・・・・ *17*
音節リズムがあれば、語尾の子音が聞こえなくても大丈夫！ ・・・・・・ *19*
二重子音、三重子音はいっきに発音する ・・・・・・・・・・・・・・・・・・・・ *21*
「寅さん英語」には通じる発音のコツがあった ・・・・・・・・・・・・・・・ *24*
「知らんぷり」「掘ったイモいじるな」で通じるのはなぜ ・・・・・・・・ *26*
「車屋英語」の知恵が音節リズムで生き返った ・・・・・・・・・・・・・・・ *28*
「まず大胆な荒削り」が成功の秘訣 ・・・・・・・・・・・・・・・・・・・・・・・ *31*
成功への道筋「未完成から完成へ」 ・・・・・・・・・・・・・・・・・・・・・・・ *38*
音節リズムがあればお国なまりがあっても大丈夫 ・・・・・・・・・・・・・ *40*
語尾の変化でリズムの拍数が変わる名詞 ・・・・・・・・・・・・・・・・・・・・ *42*
語尾の変化でリズムが変わる動詞 ・・・・・・・・・・・・・・・・・・・・・・・・・ *45*
「例外のない法則はない」 ・・・・・・・・・・・・・・・・・・・・・・・・・・・・・・ *47*
例外１　母音のない音節がある ・・・・・・・・・・・・・・・・・・・・・・・・・・ *48*
例外２　二重母音は母音が二つでも１音節 ・・・・・・・・・・・・・・・・・・ *49*
音節リズムの重要性を再確認しよう ・・・・・・・・・・・・・・・・・・・・・・・ *51*
学校では教えてくれなかった発音の急所 ・・・・・・・・・・・・・・・・・・・・ *53*
なぜ音節リズムの理論はドイツ人には重要ではないのか ・・・・・・・・ *55*

第二部　会話実践編　英語革命：Thinking in English

いよいよ本格的英会話へ ･････････････････････････････ *61*
「それでも英語のつもりですか」と言いたくなる ･･･････････ *63*
日本人の最大の問題は暗記では克服できない語順の問題 ･･･････ *65*
日本人と英語の相性論 ･･････････････････････････････ *67*
相性が良くない英語を学ばなければならない日本人 ･･････････ *70*
結論を先送りする思考習慣が脳に染みついている日本人 ･･･････ *71*
苦手の発音には、音節リズムの法則という助っ人がいる ･･･････ *72*
18歳以上になると極めて強力な学習理論が必要 ･･･････････ *73*
語順の違いを克服する理論とは ････････････････････････ *75*
かつて、"Thinking in English"というフレーズが流行していた ･･ *76*
"Thinking in English"「英語で考える」とはどういうことなのか *78*
「おととい」を即座に言えなかった体験 ････････････････････ *80*
この定義をしたことがその後の英語習得を強力にけん引した ････ *81*
悔しい体験が「英語の思考法」への道を開いた ･･････････････ *81*
「英語の語順で感じる」ことで英語の感性を知る ････････････ *88*
「未完成から完成へ」････････････････････････････････ *91*
英語の語順訳（SIM訳）をなぞる ･････････････････････ *92*
「英語の語順で考える力」はまず読むことから始める ･････････ *94*
英語の語順で考えながら、英文を読む ･･････････････････ *96*
限りなく英米人と同じ読み方、つまり直読直解をする ････････ *97*
A thing left behind《実践練習》･･････････････････････ *98*
A thing left behind《全文》････････････････････････ *124*

第一部

発音実践編

発音革命：音節リズムの法則

第一部　発音実践編

「リズム」がなければ英語ではない

のっけから私事で恐縮ですが、まず**英語の習得には「リズム感」がいかに大切であるか**を、筆者の体験から述べてみたいと思います。

二十数年前、筆者が米国の首都ワシントンDCにあるVOA（Voice of America）の本部を公式訪問した時のことです。受付に行くと、目的の部長さんに会う前に一般の人といっしょに見学者コースをひと通り見学してみないかと言われて、見学者控え室に向かいました。

折しもシーズンオフであったためか、見学者は筆者を含めて数人でした。

そのため、案内係のご婦人と親しく会話をすることができました。

しばらく話していると、「どこから来たのか」と聞かれたので「日本から来ました」と答えると、案内係の女性がアメリカ人見学者に向かって、「ここには世界中からたくさんの見学者が来るが、その中でも日本から来た人の英語には強いアクセンッ（訛り）がある。でも、このジェンッルマンの英語には訛りがない」とコメンッしているのが聞こえてきました。

別に自慢をするつもりはありませんし、大人になっ

てから習得した英語ですから、まったく日本語訛りがないとも思っていません。

ただ、"通じる発音"とは何か、をわきまえているつもりではあります。

英語には「強弱リズム」と「音節リズム」がある

「英語の発音は難しい」というように、表面的にとらえるのではなく、その**根本にあるリズムでとらえると、発音は簡単に上達する**ものです。

筆者が英語を習得する過程で、いちばん気をつけてきたことは、"音節リズムで発音する"ということでした。

英語には二種類のリズムがあります。**一つは「強弱リズム」**といわれるもので、もう一つは「音節リズム」です。

ところが、日本で一般的に、英語のリズムといえば強弱リズムしか教えられていません。そのため"音節リズム"という言葉さえ聞いたことがないという人も多いようです。

しかし、習得の段階からいうと、最初の段階でまず音節リズムをしっかり身につけるべきであって、強弱リズムはかなり習得が進んで、中級、上級レベルに

なってから習得することをおすすめします。

　強弱リズムとは、文章全体のリズムのことです。したがって、幼児が片言でしゃべりはじめた段階ではまだ課題とはなりません。

　少なくとも文章を整えられる程度の段階になってから、文の中で強調したい部分を比較的強く発音し、その他の部分は弱い語調にするといったことを覚えていくのです。

　これが強弱のリズムです。

　しかし強弱リズムは、定義することが出来ない、かなり漠然とした概念でもあります。

　それに対して、"音節リズム"は、最初の単語一つを覚える段階から、すべての単語、フレーズの習得について回るものです。

　したがって、英語を習得するには、最初の単語一つから常に音節リズムに注意を払わなければなりません。

　そうは言っても、この音節リズムが教育の現場で教えられてさえいない現状では、何のことかわからないことでしょう。

　そこで最初にこの"音節リズム"について述べてみたいと思います。

「音節リズム」が発音の最優先事項

　英語は、たった一つの単語でも「音節リズム」で発音します。

　たとえば、tennisという単語。これを日本人は「テニス」と発音しますが、これは通じる英語ではありません。「音節リズム」が間違っているからです。

　「音節リズム」で発音をするには、「テー・ニス」ときっちり2拍であることを強調して発音しなければなりません。

　これが英語の"音節リズム"というものです。

　Tennisは2音節の単語ですから、2音つまり2拍のリズムで発音しなければならないのです。

　「テ・ニ・ス」だと3拍になっているので、2拍で発音する本物の英語のリズムが失われているのです。

　「テー・ニス」と、はっきり2拍で発音することにより、本物のリズム感が生まれます。

　これが音節のリズムの基本です。

　つまり2音節の語は、2音、タン・タンと2拍のリズムで発音しなければならないのです。

　1音節の語は1音、つまりタンと1拍のリズムで発音しなければなりません。

　3音節の語は3音、つまりタン・タン・タンと3拍

のリズムで発音しなければならないという、きっちりとした理論なのです。

音節リズムは、「一音節一音の理論」とまとめることができる

　もう少し詳しく言いますと、英単語は、原則として母音の数に基づいて音節が決まっています。この**音節の数に合った拍数のリズムで発音しないと通じないのです。**

　Tennis は ten と nis の 2 音節の語です。

　英和辞書には［ten・nis］と中黒点がついていますから、2 音節であることがわかります。

　併せてアクセンツ記号がついています。この母音の数を意識して強く発音すると、英語本来のリズム感がはっきり出ます。

　ところが、学校で学生たちはこの音節リズムが教えられないで、発音は、ネィテイヴの発音を真似て習得しなさいと教えられています。

　つまり、何の理論もなく、物まねをしろと丸投げされるのです。

　これでは、自分の発音が、ネィテイヴの発音に似ているのか、似ていないのか、学習者にはよくわかりません。

これでは、発音の習得は最初からつまづいてしまいます。

　ネィテイヴの発音の、どこを、どのようにまねると正しい発音になるのか、英語の先生でも的確に教えることができないので、ただやみくもに反復させるだけです。これでは到底学生に自信が生まれるはずがありません。

　これで良いという基準がわからないので、その結果、大学を卒業しても発音に自信がないという人が圧倒的に多いのです。

音節リズムは、豊かな英語の森の入口

　このような日本の状況は、豊かな英語の森の入口で、迷子になっている状況です。どの方向に行けば、森の奥のすばらしい宮殿に到着できるかわからないのです。

　筆者がまだ中学生の時、英語の授業でAliceという女の子が登場したのですが、まだ音節リズムを知らなかったので、「アリス」と日本語式に発音していました。大学生の時、音節リズムの理論を知り、「アー・リス」と2拍で発音して、初めてほんもののAliceに出会ったような感覚を知りました。この時に、自分の発音が物まねではない、ほんものになったと確信したの

です。

　このように、「音節リズムの理論」を知って勉強すれば、「テー・ニス」「アー・リス」ときっちり２拍の発音であることが確認できますから、「発音はこれでいい」という自信がつきます。

パトリックではなく「パッ・リック」と２拍で発音する

　筆者の長男で、現在、東京SIM外語研究所の所長をしているダン上野Jr.が、中学２年生の時のことでした。授業参観日で英語のクラスを参観しました。

　1776年アメリカが独立した時の指導者の一人で、Patrick Henryという人の話が教材でした。

　クラスの生徒たちの発音は「パトリック」と日本語訛りの発音になっていました。先生は、間違いだと指摘して、やり直しさせるのですが、何回やり直しても正しく発音できる生徒はいませんでした。

　最後にはネィティヴが録音したテープを聞かせて授業は終わりになりました。

　私は帰宅すると、さっそく息子にPatrickは母音が二つある２音節の語であるから「パッ・リック」と２拍で発音すると教えました。

タクシーではなく「ターク・シー」と２拍で

　もう一つ、この長男と英語とのかかわりで思い出すことがあります。

　彼がまだ３歳くらいの時、腕に抱えながら、英語の発音を音節リズムで聞かせようと思って、通りかかったタクシーを指さして、「ターク・シー」と２拍のリズムを強調して聞かせて、「まねて言ってごらん」と言ったところ、意外な答えが返ってきました。

　彼の返答は、力を込めて「ち・が・う。タ・ク・シー」と、立派な日本語だったのです。

　その時、悟ったことは、音節リズムの理論が理解できる程度の年齢に達していなければ、無理にまねさせても無駄であるということです。

　筆者が、まだ自由に英語が話せないで苦労していた、今から約50年前のことです。私は大学を卒業して司法試験浪人をしていたのですが、当時東京でも外国人はきわめて少数で、アメリカ人と言えば、近所にキリスト教の宣教師さん一家が住んでいる程度でした。

　その宣教師さんと知り合って、英語のバイブルクラスに出入りしていました。

　ある時、夫人が病院に入院したのでお見舞いに行くことになりました。

その途上のこと、当時東京の街はまだ舗装されていない道路が多く、水たまりがありました。二人で歩いていた時、突然彼が「ウオッチャウ」と言ったのです。

一瞬何を言ったのかわかりませんでした。しかし次の瞬間「ウオッチャウ」が2拍の言葉であることを感じて、それに合う単語を探しました。

すると"Watch out"（気をつけて）だとわかったのです。

その時、私は**音節リズムで勉強すれば、発音もヒアリングも出来るようになる**と確信したのです。

音節リズムが、通じる発音の決め手

Weekendを発音してみましょう。

日本人はこの語を日本語の一部として使っています。しかし、英語として使う時にも「ウィークエンド」と発音します。

これでは英語らしくないことは自分でもわかるのですが、どこをどう発音すれば英語らしくなるのか、まったく見当がつかないのです。つまりこの発音のどこが悪いのかがわからないのです。

ここまでお読みになられた方は、もうおわかりのように、この発音が英語らしくないのは、"音節リズム"

の問題です。

　まず、この単語は２音節ですから、タン、タンと２拍のリズムで発音しなければならないという、音節リズムの法則があることを知らなければなりません。

　Weekendは２音節の語ですから、「ウィー・ケン」と２拍のリズムで発音すれば、英語のリズムになります。

　この音節リズムから生まれる英語のリズム感を身につければ、ネィテイヴが驚くほどの英語が話せるようになり、それと同時に、「ウィー・ケン」と聞こえたら、すぐにweekendだと聞き取れる力も身につくのです。

　Weekendのweekは、母音が一つですから、まずこれを１拍のリズムで発音します。これが日本語流にweekuと母音が二つになってはいけません。

　したがって、「ウィーク」と最後の子音kはかすかになるのです。

　同様にendも母音が一つですから、１拍のリズムで発音しなければいけません。すると「エン」のように聞こえます。「エンド」と語尾がはっきりとは聞こえません。Goodが「グー」と聞こえるのと同じです。

　そうしてこの二つの語を続けたweekendを発音すると、「ウィーケン」のように聞こえます。Weekのkの音が息の中に残っていて、それが次のeと連結（リ

エゾン）して「ケ」となるのです。「ウィークケンド」より「ウィーケン」のほうが英語として正しいのです。

> ## 音節リズムがあれば、語尾の子音が聞こえなくても大丈夫！

　これでわかるように、音節リズムが正しければ、語尾の子音が聞こえなくてもさして問題ではありません。通じるということは、この発音が正しいものをもっているということです。

　つまり、weekendには二つの母音があるから２拍のリズムで発音するという信号がついていると思えばいいのです。この信号を忠実に守ることが、発音が正しいか正しくないかの決め手なのです。

　次に、foodstuff（食品）を発音してみましょう。

　これも一見してわかるように、母音が２箇所にある２音節の語ですから、２拍のリズムだという信号が読み取れます。このリズム感を強く出して発音すると「フー・スタッ」のように聞こえます。

　正しい英語の発音をカタカナで書き表すことは不可能です。**英語では、母音と子音は文字が分離独立しているのに対して、日本語では子音は必ず母音と結合していて、分離独立していないからです。**

そのためfoodを日本語のカタカナで表記すると、fooは「フー」でいいのですが、dは、母音から独立した子音もそれを表す文字もないので、従来の「ド」になり、英語とは異なる音になってしまいます。それを承知のうえで、やむなくカタカナで表記しているのです。

　したがって、実際のfoodは「フード」というより強いて言えば「フー」に近くなります。goodが「グー」になるのと同じです。

　「フ」は［hu］ではなく［fu］ですが、この違いばかりが日本の英語教育では強調されがちですが、これは後々身につければいいことであって、その前にfoodが1拍であることを知って、その通り確実に1拍で発音することのほうが決定的に重要なことなのです。

　語尾のdは、かすかに発音されてはいるのですが、「フー」と母音を強く発音するのに比べると、dの音は10分の1程度の弱い音で、息の中に残っている程度だと理解してください。

　このようなことは、全て音節リズムのしわざです。つまり音節リズムを忠実になぞって1拍で発音すると、ごく自然にこのような発音になるということです。

　このように、英語の発音の習得には、優先順位も重要なのです。

　母音や子音、アクセンッ、リズムなどの発音の要素の中では、すべてが同等に重要なのではなく、その中

で何が一番重要で、何が比較的重要でないのか、優先順位があるのです。

　英語の発音では、音節リズムの習得が断然、最優先事項なのです。

　ですから、多少の訛りがあっても、音節リズムが正しければ、英語らしい通じる発音になるのです。

　この優先順位がわからない人は英語が上達しません。

二重子音、三重子音はいっきに発音する

　このfoodstuffには、もう一つ大切な信号がついています。

　stuffの部分は、日本語では「スタッフ」と3音になりますが、このstuffの部分だけで1音節ですから、1音つまり1拍で発音しなければなりません。

　英語のstuffには、stの二重の子音に母音がついていて、さらに語尾にfという子音がついています。このように二重の子音や、語尾に子音がついている場合が英語には非常に多いのです。

　ところが日本語には子音が二重につながっていることはありません。

　日本語には、一つの子音には必ず一つの母音がついています。これが日本語の最大の特徴です。

このような言語は世界の主要な言語の中でも日本語だけです。

　そのため、日本人はすべての子音に母音をつけて発音するのです。したがってstuffにも、すべての子音に母音をつけて、sutafuと発音するのです。しかしこれは英語ではありません。

　こうした**子音に必ず母音をつける日本語式の発音では、"音節リズム"が英語とはまったく違ってきます。**

　これが日本人の英語学習における発音の最大の問題点、つまり最大の欠点になるのです。

　英語には二重の子音どころか、三重の子音もたくさんあります。

　streetのstr、splashのspl、strongのstr、scratchのscrなど、その他いろいろな組み合わせの三重子音を持った単語がたくさんあります。

　この子音の間にはどこにも母音がないのですから、「ストレート：sutoreto」や「スプラッシュ：supulashu」、「ストロング：sutorongu」、「スクラッチ：sucurati」のように、英語にはない母音を勝手に入れて発音してはならないのです。

　母音を勝手に入れると英語のリズム感が完全になくなってしまうことを肝に銘じて発音の練習をしなければなりません。

　Straight、street、splash、strong、scratchも、

第一部　発音実践編

みんな1音節の語ですから、1拍で発音しなければなりません。

　1拍のリズムで発音するためには、strやspl、scrをいっきに読んで、それぞれの単語の本来ある母音を、強く発音するようにすればうまくいきます。

　もう一つ、例をあげてみましょう。
　パソコンやワープロでお馴染みのdesktopは「卓上」の意味ですが、これを日本語式に「デスクトップ」と発音すると5拍になってしまいます。
　この単語は、文字を見るとわかるように、母音が二つある2音節の語です。したがって、2拍のリズムで発音しなければならないのです。すると「デースク・トープ」となります。
　「デー」と長く伸ばしたのは長母音ということではなく、アクセンッのある母音をしっかり強く発音すると、その後の「スク」が相対的に弱い発音になることを強調するためです。
　そして二つの母音の間には、sktの3つの子音が連なっていますが、ほかには母音はないのですから、母音を入れずにいっきに発音しなければなりません。こうして全体を2拍のリズムで発音すると「デースク・トーップ」のようになります。このような場合はとにかく二つの母音を強く発音するとうまくゆきます。

このように英語の発音は、メリハリをつけて発音しなければなりません。このメリハリをつける要素こそが、音節リズムなのです。音節リズムを知らない日本人の発音は、「デスクトップ」とメリハリのない平板な発音になってしまいます。

　英語を音節リズムで発音するためには、母音を強調しなければならないのです。そしてこれこそが英語の発音に、日本語にない、メリハリやアクセンッがつく理由なのです。

「寅さん英語」には通じる発音のコツがあった

　英語には、このようにたった一つの単語にも音節リズムがあるということが理解できたでしょうか。

　音節リズムで英語に忠実に発音すると、desk「デスク」と3拍ではなく、1拍で「デースク」のように発音しなければならないので、skの部分が非常に弱くなって、場合によっては、ほとんど聞こえなくなることもあります。

　このように文字はあっても音が聞こえないという英語の表記に対して、日本人は慣れていないのです。

　日本語は、子音は常に母音と結合しており、すべて

の文字が音として発音され、明瞭に聞こえる言語ですから、生まれてこの方、日本語を話している日本人は、文字があれば必ず音として聞こえるはずだと堅く思いこんでいるところがあります。

そのために、英語における、語尾の子音が微妙に変化したり、弱くなったり、消滅したりする現象に対処できないのです。

英語では、語尾の子音が弱くなって聞こえないということがしばしば起こります。英米人は、聞こえない子音についても、習慣的に心で推測しているのです。日本人が、ヒアリングが苦手な原因の一つがここにあるのです。

このように、英語には、日本人には理解できないことが多く含まれ、これが英語との相性がよくない理由となっているのです。

このように、英語では語尾の子音が微妙に変化し、ほとんど聞こえなくなるような現象が頻繁に起こります。

このような現象に対応するために、かつて日本人は、妙案を考え出していたことが伝えられています。

それは古くは「車屋英語」といわれ、最近では、有名な柴又の「寅さん」映画の「男はつらいよ」にも登場していたので、筆者はこれを「寅さん英語」と呼んでいます。

学校で教わった英語では通じないけれど、寅さん英語の「知らんぷり」や「掘ったイモいじるな」のほうが、はるかに通じることが面白おかしく痛快に紹介されていました。

「知らんぷり」「掘ったイモいじるな」で通じるのはなぜ

　ことの発端は、例によって寅さんが、さすらいの旅から、ひょっこり柴又に帰ってくると、妹さくらの店では、外人のお客さんが来るというので大騒ぎになっています。

　それを見た寅さん、「英語なんてへっちゃらよ。おれにまかしときな」と言うものですから、皆びっくり。

　そこで、おいちゃんは、「それじゃ、おめえ英語が話せるのというのか。外人さんがおいでになったら、『どうぞお座りください』って、言ってみな」というわけです。

　すると寅さん、「『知らんぷり』って言えばいいんだい」と言うので、またびっくり。

　それでも信用できないので、「それじゃ、おめえ『いま何時ですか』って、どう言うんだい」、「『掘ったイモいじるな』と言えばいいんだい」という会話に、皆が目を白黒させるという場面です。

"Sit down, please." を「シット ダウン プリーズ」とカタカナ式に発音したのでは通じません。寅さん英語で「知らんぷり」と言えば確かに通じます。信用できない人は、実際に堂々と外国人に言ってみるといいでしょう。

再び卑近な例で恐縮ですが、今度は次男のエピソードです。

次男が中学生の時、在日アメリカ大使館勤務のご夫妻を我が家に初めて招待した時のことでした。

お二人が応接間に入られた時、あらかじめ打ち合わせて練習していたとおり、次男が堂々とはっきり「知らんぷり」と言ったのです。

お二人は "Thank you" と言って着座されました。

なぜ、これが通じたのか。音節リズムを考えると、その理由がわかります。

"Sit down, please." は3拍で言わなくてはならないからです。

この語句はそれぞれ1音節の語が3個ですから全体を3拍で発音しなければなりません。すると「知らんぷり」のように聞こえるのです。

Pleaseは「プリーズ」ではなく「プリー」と聞こえる程度にします。「ズ」を明瞭に発音することによって音節リズムを壊すよりも、1拍にまとめることのほうが、基本的には大切なのです。

"What time is it now?" が「掘ったイモいじるな」のように聞こえるのも同じ原理です。

"What time is it now?" は、音節リズムとしては、5拍で発音するのが正しく、「掘ったイモいじるな」と言うと、だいたい5拍のリズムになり、本物の英語のリズム感が出るのです。

「車屋英語」の知恵が音節リズムで生き返った

このような寅さん英語に類する話が「車屋英語」として、明治時代から今に至るまで伝えられています。

江戸末期に開国したばかりの日本は、明治初期から文明開化の時代を迎え、横浜港に来航した外国人、特に英米人と接触が盛んになりました。その中でも最も日常的に英米人に接触したのは、意外にも人力車夫たちでした。

人力車夫たちは英米人の英語を聞いて、それが何を意味しているのかを耳で覚えなければならなかったのです。

文字を知らないので、英米人が発する英語を、それに最も近い日本語で覚えるのがよいと経験的に悟ったのです。これが「車屋英語」です。

これは一種の生活の知恵でした。「ごんぼの尻尾」と

聞こえたら、「船へ行け」という意味だというように覚えたのです。

「ごんぼの尻尾」と聞こえた英語は、"Go on board to the ship."です。したがって、寅さん英語の元祖は横浜の人力車夫たちであり、そこから、こうした英語の覚え方を半ば揶揄して「車屋英語」と呼んでいたのです。

このように、音から覚えた英語が定着した格好の例が「Yシャツ」です。white shirtを大学の先生が聞いたら「ホワイトシャツ」になったことでしょう。しかし、文字を知らない人力車夫たちには、「ワイシャツ」と聞こえたのです。

人力車夫たちは単なる交通機関ではなく、外国人のwhite shirtを洗濯屋に届ける便利屋でもあったという歴史的な背景があるのです。

「ワイシャツ」は今や日本語として完全に定着し、日本中のデパートやスーパーに「Yシャツ売り場」があり、サラリーマンは毎日Yシャツを着て仕事をしています。

車屋英語は、すべての英語にこのような「置き換え」ができないこともあって、いまでは寅さん英語のような笑い話にしか登場しませんが、この「車屋英語」が、少なくとも明治初期の人力車夫たちのコミュニケーションには欠かせなかったのです。

この、笑い話で終わっていた寅さん英語が、いま、音節リズムの法則で見事に理論づけされて、平成の世に生き返ってきたのです。

　いずれにせよ、音節リズムを正しく取り入れて練習すれば、最低限通じる発音が身につき、そこを出発点としてコミュニケーションが始まるのです。
　つまり、**音節リズムで確実に通じる単語を覚えれば、次に覚える単語の習得にも応用できる**のです。
　しかし、日本人が学校で教わった発音は、物まねと暗記でしかなかったので、他の英単語に応用できるような理論や法則がなかったので、次の単語の発音習得の土台にはならなかったのです。

　外国語習得の最初は発音の習得です。それは母国語でも同じですが、最初に発音を確実に習得しなければ、先に進めないのです。
　しかし、日本人の英語は、最初の発音の習得がまったく身についておらず、自信が持てない状態です。これでは次にやることの土台になっていないという、砂上の楼閣の状態です。いつ倒壊してもおかしくないのが日本人の英語なのです。
　そうならないためにも、音節リズムの理論で発音の習得を再構築しなければなりません。

音節リズムを踏まえた発音なら、確実に通じるので、数少ない単語でもコミュニケーションが可能になるのです。これがコミュニケーションの第一歩です。

　片言でも一語でも確実に通じる発音であれば、話しているうちには次々に道が開けるのです。「犬も歩けば棒に当たる」というようになるのです。

　以前の音節リズムの理論を知らなかった時の発音では、まったく通じない、言わば自信喪失の状態でしたから、一歩も前に踏み出せず、したがって、どこにも進めず棒に当たることもなかったのです。結局、どこにもたどりつけないようなものだったのが、日本人の英語だったのではないでしょうか。

　その結果、大多数の人は、学校の英語の時間は、何を勉強したのか、勉強しなかったのかさえもわからない程度の記憶しかないという状態ではなかったでしょうか。

「まず大胆な荒削り」が成功の秘訣

　さあ、いよいよ音節リズムによる発音練習を始めましょう。

　このように最初に音節リズムで発音を習得するのは、彫刻を例にとれば、素材の荒削りをすることだと考えればよいのです。

素材の荒削りをせずに、最初から細部に磨きをかける人はいません。

　まず荒削りで大体の頭の形をつくり、その後で細部の目・鼻・口などの輪郭をとり、最後に磨きをかけていくのが、正しい手順というものです。

　ところが、**発音の荒削りをしないで、最初からRとLの区別や、FとHの区別、あるいはTHとSの区別など、細かい発音をやかましく教えて来たのが、日本の英語教育**ではなかったでしょうか。

　とにかく日本人の発音には、大胆な荒削りで、削り落とさなければならない部分が多いのです。

　Sydneyを日本人は「シドニー」と発音します。「ド」を削り落とさなければなりません。

　すると「シッ・ニー」になります。これが本物の「シドニー」です。

　Australiaを日本人は「オーストラリア」と6拍になりますが、辞書には、きちんと正しい音節が表示されており、Aus・tra・liaの3音節です。したがって、「オース・ツレィ・リア」と「ト」を削り落して3拍で発音しなければなりません。

　また、Egyptを「エジプト」と発音しますが、これではまったく通じません。「イー・ジプッ」と2拍です。辞書にも「E・gypt」ときちんと2音節になっているのです。

Childrenを「チルドレン」と発音するのも日本人のクセですから、「ド」を削り落とさなければなりません。すると2拍で「チル・レン」となります。

　これが正しいリズム感をもった発音の第一歩になります。

　Sandwichも荒削りで「ド」を削り落とすことにより、「サン・ウィチ」となり、かなりよくなります。

　最後の「チ」が母音のない子音だけのCHになり、「サン・ウィチ」になれば、荒削りとしては大成功です。

　Partnerは「パートナー」ではありません。2音節の語ですから、「ト」を削って、「パーッ・ナー」と発音しなければならないのです。

　同様にMidnightも「ミッドナイト」ではありません。音節リズムによって荒削りをすると、「ド」と「ト」を削り落として「ミッ・ナィッ」と聞こえるように発音すればよいことがわかります。

　大胆に「ミッ・ナィッ」と発音すると、はるかに通じる英語になります。Good nightが「グッ・ナイ」になるのと同じです。

　少年時代に草野球でエラーをした選手に、「ドンマイ、ドンマイ」と声をかけていました。「気にするな」という意味合いで言っていることはわかっていましたが、そのもとが英語の"Don't mind."であることを

知ったのはずっと後のことでした。

「ドンマイ」では少し荒削りが過ぎるきらいもあります。上達するにつれて細部に磨きをかける必要はあるので、「ドン・マイン」くらいにしておけば、より英語の発音に近くなります。ちなみにNever mindも同じ場面で使うこともできます。

これも寅さん英語の一種ですが、「ドントマインド」と日本語式の発音より、「ドンマイ」の方がはるかに英語に近いのです。

その理由はいうまでもなく、Don't mind.の中には母音は二つしかないので、2拍のリズムで発音しなければならないからです。寅さん英語ではここまで荒削りされているのです。

ロンドンの地下鉄に乗ると、列車とプラッホームの間のギャップが大きいところでは、雑踏の中で「マインザギャ」と聞こえるアナウンスが入ります。これが"Mind the gap"であることがわかるのに、日本人はかなり時間がかかるようです。

Tryを日本人は「トライ」と発音していますが、これも「ツライ」と発音して1拍に収めなければなりません。「この挑戦tryは［ツライ］ものになる」と憶えるといいでしょう。

Trialは「ツライ・アー」と2拍で発音します。

Triangleは「トライアングル」ではなく、「ツライ・

アン・グー」で3拍の単語です。

　Let it be はthe Beatlesの代表曲の一つですが、「レツトイットビー」では通じないし、伴奏に合せて歌うことすらできません。

　まず3拍であることを確認して、「レッ・イッ・ビー」と発音すれば曲に合わせて歌えるようになります。

　Beatlesも「ビートルズ」と4拍ではなく、「ビー・ツルズ」と2拍です。

　こうして見てくるとお分りのように、TとDがおもな荒削りの対象です。日本語で書けば「ト」と「ド」となるものが音節リズムを破壊する元凶です。

発音練習　🔘 巻末付録CDに収録

1　Sydney　「シッ・ニー」　2拍
2　Detroit　「ディ・ツロィッ」（2拍）
3　Madrid　「マード・リッ」（2拍）
4　Oxford　「オークス・フォー」（2拍）
5　Mozart　「モーツァッ」（2拍）
6　important　「イン・ポー・タンッ」（3拍）
7　outline　「アゥッ・ライン」　（2拍）
8　outdoor　「アウッ・ドア」（2拍）
9　pet shop　「ペッ・ショッ」（2拍）
10　windmill　「ウィン・ミル」（2拍）
11　softball　「ソフッ・ボー」（2拍）
12　perfect　「パー・フェクッ」（2拍）
13　hotdog　「ホッ・ドーグ」（2拍）
14　country club「カン・ツリー・クラブ」（3拍）
15　night club　「ナイッ・クラブ」（2拍）
16　countryside　「カン・ツリー・サイ」（3拍）
17　tennis ball　「テー・ニィス・ボー」（3拍）
18　hat trick　「ハッ・ツリ-ィク」（2拍）
19　morning call　「モー・ニン・コー」（3拍）
20　point getter「ポインッ・ゲッ・ター」（3拍）
21　independent「イン・デ・ペン・デンッ」（4拍）
22　desk work　「デースク・ワーク」（2拍）
23　tennis court　「テー・ニス・コゥッ」（3拍）

第一部　発音実践編

24　east and west「イースッ・タン・ウエスッ」(3拍)
25　rush hour 「ラッ・シァワー」（2拍）
26　first impression
　　「ファースッ・イン・プレ・ション」（4拍）
27　fifth anniversary
　　「フィフス・ア・ニ・ヴァ・サ・リ」 6拍
28　small children「スモー・チル・レン」(3拍)
29　short tree 「ショー・ツリー」（2拍）
30　olive oil 「オー・リヴ・オイ」（3拍）
31　precious stone「プレ・シャス・ストーン」(2拍)
32　partnership 「パーッ・ナー・シプ」（3拍）
33　extra work 「エキス・ツラ・ワーク」（3拍）
34　obvious error「オ・ヴィアス・エ・ラ」(4拍)
35　straight talk 「スッレィッ・トーク」（2拍）
36　icy water ocean
　　「アイ・シー・ウオ・タ・オー・シャン」 6拍
37　vicious fate「ヴィ・シァス・フェィッ」（3拍)
38　vicious cycle「ヴィ・シァス・サイ・クー」(4拍)
39　check it out 「チェ・キッ・タウッ」（3拍）
40　strong wind 「スッロン・ウィン」（2拍）

各音節の最後の子音は思いきって削って発音しましょう。

実際はまったくなくなるわけでなく、かすかな息程

度に残っていることが多いのですが、これはあくまで荒削りだと理解して、大胆に発音してください。

そして**常にリズムの拍数を意識して発音すること**も重要です。

このような荒削りをすることなく、全体のかたちが見えないまま、瑣末なRとLの発音のちがいにばかり気を取られているのが日本の英語教育なのです。

学校では、outlineのLにばかり注目し、音節リズムを正しく2拍にするよりも、RとLの区別ができていないと指摘することが多いので、Lの発音のほうにばかり神経を使うことになります。

しかし、それは順序が逆です。「アウッ・ライン」と2拍の発音に荒削りするほうがあくまでも先なのです。

このように音節リズムの理論で、寅さん英語の「知らんぷり」「掘ったイモいじるな」が通じる理由が理解できたのではないでしょうか。

成功への道筋 「未完成から完成へ」

何事でも技能を習得するには、すべてのことを一度に完璧に身につけられるものではありません。

One thing at a time.「一時には一事」です。

音節リズムと、RとLの区別とを同時に習得しようと

しても、なかなかうまくいかないでしょう。

　RとLのような区別は、それこそ最後の仕上げの段階で身につけることであって、荒削りをして英語の発音の輪郭を身につけないでやっても効果がありません。

　まず、**音節リズムで荒削りをしてから、細部に磨きをかける**のが、成功の秘訣です。

　筆者が1978年に「同時通訳方式・大学受験長文読解力養成講座」を発足させた時、英語の速読力という新しい英語力の習得には、特に「未完成から完成へ」という習得の過程が必要であることを強調しました。

　英語を返り読みして翻訳をしてきた日本人が、速読力という新しい英語力を習得するには、初歩から到達点までの中間に、翻訳ではない、同時通訳という**新しい訳（SIM訳）**をするという中間目標を設定しました。完成までの中間に、ひとまず同時通訳という**新しい訳（SIM訳）**を目指すことで、「未完成から完成へ」という完成への道筋を示しました。

　これによって英語の速読という難題を、日本で初めて教えることに成功したのです。

　これまで日本人がどんなに努力しても、発音が身につかなかったのは、物まね主義でネィテイヴの発音という最終到達点しか提示しないで、完成するまでの中間に、「荒削りの発音」という中間目標を提示していな

かったからだと言えます。

　とにかく、日本人がネイティヴの発音だけを目標にしていたら、英語の発音は一生かけても身につかないでしょう。しかし、音節リズムで荒削りした発音を中間目標にすれば、誰でも未完成から完成への軌道に乗ることができるのです。

音節リズムがあれば
お国なまりがあっても大丈夫

　日本人に限らず、いったん母国語が身についた後で外国語を習得した人は、どこの国の人でも母国語の訛りがあることが多いものです。

　アメリカのニクソン元大統領（在任期間1969～74）のもとで国務長官を務めたキッシンジャー氏は、ドイツ生まれのアメリカ人でした。したがって、かなり強いドイツ語訛りのある英語を話しました。

　国際連合の事務総長潘基文氏は韓国出身ですが、韓国語訛りの強い英語でその激務に当たっています。

　東南アジアの人々もお国訛りのある英語を話す人が多いのも周知の事実です。

　お国訛りがあっても堂々と英語を話している東南アジアの人たちと、日本人との違いは、どこにあるのでしょうか。その答えは、**お国訛りがあっても音節リズ**

ムが正しいかどうかの違いにあるのです。

　学校では発音は物まね主義で教えられていますから、上達しないのは「まねが下手だから」という以外の理由は考えられません。
「それでは、なぜ下手なんですか」と質問しても、「下手だから、下手なんだよ」としか答えようがありません。
　これは循環論であって合理的な理論ではありません。したがって、日本の英語教育は、「なぜ」という合理的な疑問を呈することが許されない、非合理的な物まねの世界なのです。
　ごく一般的に言えば、理性的な人ほど物まねが苦手です。
　合理的な理論的思考が得意な人は理系の人に多いのですが、その結果、物まねが苦手で英語が苦手になっている場合が多いようです。
　これは筆者が30年以上にわたって大学受験生の英語速読法を教えた経験から得た結論です。
　この結論は英語の偏差値にも如実にあらわれていました。
　文系の学生は物まね主義の英語教育にも順応していますが、理系の学生ほど、なぜという質問が許されない、理屈抜きの英語教育には拒絶反応があるようです。

しかし、そのような理系の学生であっても、この音節リズムの法則と同時通訳方式の速読法を学んだとき、事情は一変しました。

　合理的な音節リズムで勉強した学生の、英語の偏差値が飛躍的に伸びたのです。

　そして、理系の学生ほど英語力が求められているという時代の要請があります。

語尾の変化でリズムの拍数が変わる名詞

　音節リズムが発音の根本理論であることが理解できたら、その応用例をもう少し見てみましょう。

名詞の複数形でリズムが１拍増えることがあるのには要注意です。

　英語の名詞には「数えられる名詞」と「数えられない名詞」があることは誰でも知っています。

　数えられる名詞には、単数形と複数形があります。

　たとえば、dogの複数形はdogsとなり、単数形にSをつけて複数形にするのですが、発音上は「ドーグズ」と１拍のままです。

　語尾に子音がつけ加わるだけで母音は増えないのですから、単数形と同じ１拍のままです。

Catの複数形catsも同様に1拍、deskの複数形desksも同じく1拍のままです。

　ところが、dish（1拍）はどうでしょうか。複数形はdishesとなります。

　このesのeは母音として発音されますから、2拍になるのです。したがって、「ディッ・シーズ」と2拍になります。

　Watchの複数形はwatchesで、これも2拍になり、「ウォッ・チーズ」になります。

　以下に、リズムが1拍ふえる名詞の例を見てみましょう。
bench（1拍）　→　benches（ベン・チーズ＝2拍）
stitch（1拍）→ stitches（スティッ・チーズ＝2拍）
dress（1拍）　→　dresses（ドレッ・シーズ＝2拍）
box（1拍）　→　boxes（ボッ・クシーズ＝2拍）
fox（1拍）　→　foxes（フォッ・クシーズ＝2拍）
church（1拍）　churches（チャー・チーズ＝2拍）
sandwich（2拍）
　　→　sandwiches（サン・ウィッ・チーズ＝3拍）

　次の名詞はEで終わっていて、語尾のEは、母音として発音しないため音節ではないのですが、語尾に複数のSがついたことによって、Eが母音として発音され

ます。そのため1拍増えるのです。
　page（1拍）　→　pages（ペィ・ジーズ＝2拍）
　face（1拍）　→　faces（フエイ・シーズ＝2拍）
　language（2拍）
　　→　languages（ラン・グエ・ジーズ　3拍）

　以上の語はすべて、もとの単数形の拍数に1拍を加えたリズムで発音します。リズムが1拍増えるのですから、確実に1拍の時間を取る必要があります。
　ところが日本人は、一般に英語は速い、それもかなり速く発音しなければならないと思っている人が多く、ゆっくり確実に1拍の時間を取らなければならないところでも、あわてて一気に早く言ってしまう傾向があります。
　たとえばlanguageが複数形になると、languagesとなり、単に複数のＳがついただけですが、この場合は語尾のＥが母音として発音されます。
　したがって、単数形では「ラン・グェッジ」と2拍だったのが、複数形では「ラン・グェッ・ジーズ」と3拍になります。
　3拍になったということは、確実に1拍分の時間を取らなければならないということです。
　しかし英語は速く発音しなければならないという観念にとらわれていると、つい単数形と同じ2拍の中で

処理しなければならないと考えて早口になってしまい、そのため、慌てて余裕のない話し方に自分を追い込んでしまう傾向があります。

ここでは「ラン・グェッ・ジーズ」と、堂々と3拍のリズムでゆっくりと発音する訓練をする必要があります。

語尾の変化でリズムが変わる動詞

動詞の語尾の変化の場合にも、同じことがいえます。「三人称単数現在のSまたはES」と呼ばれる、動詞の語尾変化では、多くの場合、動詞の原形にSがつくだけです。

その場合は別に母音が増えないのですから、リズムの数も1拍増えることはありません。

たとえば、runにSがつくとrunsで、やはり1拍のままです。

speakがspeaksになっても、やはり1拍で変わりないのです。

ところがteachが三人称単数現在で使われるとESがついて、teachesとなります。

ここではESのEが母音として発音され1拍増えることになるのです。したがって、「ティー・チーズ」と2

拍になります。

　　kiss（1拍）　→　kisses（キッ・シーズ＝2拍）
　　pose（1拍）　→　poses（ポゥ・ジーズ＝2拍）
　　lose（1拍）　→　loses（ルー・ジーズ＝2拍）
　　discuss（2拍）
　　　→　discusses（ディス・カッ・ジーズ＝3拍）

　これは動詞が過去形や過去分詞形に規則変化するときも同じです。

　規則動詞の語尾変化ではEDをつけますが、looked, worked, askedなどは、発音では単に［-d］または［-t］と子音がつくだけで、母音はつかないので1拍増えることはないのです。

　Askにedがついてもeは発音されず、子音の〔t〕の音がつけ加えられるだけですから、リズムの拍数は増えません。したがって、askedは「アースクッ」というように、1拍にまとめて処理しなければならないのです。

　moveを過去形にするには、すでに語尾にeがついているので、dだけをつけてmovedになります。

　発音ではeが母音にならないので、ただdの子音が加わるだけですから、「ムーヴド」と1拍のままです。

　receiveの過去形receivedも同様に2拍のままです。

move（1拍）　→　moved（1拍のまま）
receive（2拍）　→　received（2拍のまま）

ところが、次の動詞は語尾に-edがついて、そのeが母音として発音される場合にはリズムが1拍増えます。

want（1拍）　→　wanted（ウォン・ティッド＝2拍）
demand（2拍）
　→　demanded（ディ・マン・ディッド＝3拍）
visit（2拍）　→　visited（ヴィ・ジ・ティッド＝3拍）

このように、**名詞や動詞の語尾が変化する場合に、その変化した部分に母音が加えられるかどうかによって、リズムが1拍増える場合と増えない場合があることを知る必要がある**のです。

それによって正確なリズムを取ることが出来、安定感のある発音が身につくのです。

「例外のない法則はない」

これまでは音節は母音を中心に出来ているので、母音の数で音節の数が判断出来ると説明をしてきました。

母音の数で音節の数が決まるとは、母音が1個あれ

ば1音節、2個で2音節、3個あれば3音節ということです。
　ところで、この原則には例外はないのでしょうか。
　There is no rule without an exception.
「例外のない法則はない」という通り、この音節リズムの法則にも例外があるのです。

例外　1
母音のない音節がある

　たとえば、tableを英和辞書で見ると、[ta・ble]と2音節になっています。[ble]の部分の、Eは母音として発音されないので、母音のない音節です。
　それでtableは2音節なのです。したがって2拍で発音します。
　Littleも、[lit・tle]となっているから2音節の語です。この語の後半の[tle]は、tableと同じ、母音のない音節です。
　Rhythmは[rhy・thm]で2音節です。
　文字の上では母音になるのはYだけですが、thmは母音のない音節なので2音節の語です。したがって、2拍で発音します。
　"Twinkle twinkle little star, how I wonder what you are"という童謡では、その楽譜を見ると、twin・

kleのkleの部分は、母音のない音節ですから楽譜上も1拍をとって歌うことになっています。

次の語の語尾はすべて母音のない音節です。
edible　　[e・di・ble]　3拍
impossible　　[im・pos・si・ble]　4拍
reasonable　　[rea・son・a・ble]　4拍
reversible　　[re・ver・si・ble]　4拍

例外　2
二重母音は母音が二つでも1音節

　実はこれまで、すでにいくつも出ているのですが、page, faceなどのAは、[ア]と発音する単母音ではなく、[エイ]と発音するので、二重母音（または重母音）とよばれるものです。つまり[エ]と[イ]の二つの母音があります。

　原則では2つの母音があれば2音節のはずですが、二つの母音が連なって発音される場合は、二重母音と呼んで1音節になり、したがって1拍で発音します。

　日本語でも母音が2つ連なっていることがありますが、ことさらに重母音とか二重母音という呼び方はありません。

　英語では、母音が2つ連なっている場合は、必ず一

音節として発音するので、原則の例外です。だから特に二重母音と名前がつけられているのです。

　筆者が高校の英語の授業で二重母音の説明を聞いた時に、日本語では聞いたことがない二重母音という言葉が、なぜ英語にはあるのか理解できませんでした。

　Detroitは［ディ・ツロィッ］の「オイ」が二重母音で、全体で２拍です。

　Trial［trai・al］は「トライアル」ではなく「ツライ・アル」と発音します。３つの母音がつながっていますが、さすがに３重母音は１拍にはならないようです。したがって「ツライ・アル」と２拍です。

　Fail［feil］「フェィル」は二重母音で１音節だから１拍。

　Out［aut］「アウッ」は二重母音で１音節だから１拍。

　Fail-safe［feil-seif］failが二重母音で１音節。safeも二重母音で１音節。合わせて２音節の語になっています。

　発音の講義の最後に、これは音節リズムの法則の例外ではないのですが、おもにアメリカ英語では母音が消滅してリズムが１拍少なくなる発音の現象を説明しておきましょう。

　それはcamera、opera、family、company、garage

などで、そう多くはありません。

　cameraは「カメラ」と3拍ですが、多くのアメリカ人が「キャ・ムラ」と2拍で発音します。

　operaは「オペラ」で3拍ですが「オ・プラ」もしくは「ア・プラ」と2拍で発音するのが普通のようです。

　familyも「ファ・ミ・リー」で3拍で良いのですが、多くのアメリカ人が「ファム・リー」と2拍で発音します。

　Companyは「カム・パ・ニー」と3拍の語ですが、「カム・プニー」と2拍なることが多いようです。

　garageは「ガ・レージ」と2拍の語ですが、「グラージ」と1拍になっています。

　これらの語は最初の音節にアクセンッがあって、特にメリハリをつけて発音するアメリカ英語では強いアクセンッをつけるために、そのあとの母音が相対的に弱くなって、ほとんど聞こえなくなったものです。garageは二番目の母音にアクセンッがあり、一番目の母音が弱くなったものです。

音節リズムの重要性を再確認しよう

　夏目漱石がロンドンに留学した明治の頃、当時の留

学生は自分たちの英語がなかなか通じない経験をしていたといわれています。

　ロンドンのHyde Parkの西に、West Kensingtonという所がありますが、この単語が日本人留学生たちを大いに悩ませたという話が伝わっています。

　そのため、いつしか日本人留学生の間では、West Kensington行きの切符を買うには「上杉謙信」と言えばよいという話が伝わっていったそうです。現在のように自動販売機がなかった時代のことです。

　これも「寅さん英語」ひいては「車屋英語」と同じ置き換えですが、いくら当時ロンドン留学ができたほどのインテリで、**エリーッ中のエリーッであっても、実生活では寅さん式の置き換えに頼らざるを得なかった？**という逸話です。

「上杉謙信」がなぜWest Kensingtonとして通じたのかは、もうおわかりですね。4拍のリズムを強調して「上杉謙信」とメリハリをつけて言うと、West Kensingtonの4拍のリズムと一致するからです。

　West Kensingtonは、「ウエストケンジントン」とカタカナ式でコリ固まった日本人の発音では通じなかったのです。

　さんざん苦労したあげく、虚心に本物の英語に耳を傾けているうちに、日本語の「上杉謙信」とそっくりに聞こえることに気づいた人がいて、それが留学生の

間に語り伝えられたというわけです。

学校では教えてくれなかった発音の急所

英語が、コミュニケーションの手段としてますます重要性が増していることから、学校教育でも、コミュニケーション能力の養成が急務であるといわれています。しかし、この急務に対して、効果的な対策が見いだせないのが現状です。

しかし、この**音節リズムが中学校の授業に取り入れられたなら、日本人の英語は音声習得の段階をスムーズに克服して、より高度な英語能力の習得に向かうことが可能になる**と、筆者自身の経験から確信しています。

前に書いたように、筆者の長男には中学生になる以前に、特に英語を教えたりしなかったのですが、中学生になってからは、必要に応じて音節リズムの理論やその他のことを教えました。

高校は音楽科に進学したので特に英語に力を入れたわけではなく、大学が英国の音楽大学であったので4年間留学生活をしました。その間、常に「音節リズム」などの理論が頭にあって、東京SIM外語研究所が開発した教材で勉強していました。

ケンブリッジ大学の英語検定上級を取得して帰国後、

TOEICでは990点満点を複数回取得しています。
　音節リズムの理論を正しく取り入れるならば、中学校からでも日本人の英語として最高のレベルに達することも不可能ではないのです。

　発音の習得は英語習得のほんの入り口であり、この発音の習得をいかに早く乗り切って、その後の本格的な英語習得に突入するかが、高度の英語力を身につけるカギなのです。
　じつは発音のあとの段階が英語攻略の本丸です。いつまでも発音に自信がないと言っていたのでは話になりません。本格的な英語習得の段階には突入できないのです。
　10年間勉強しても、自分の英語が通じるという自信が持てないのが、日本の英語教育の大問題であったと言わなければなりません。
　このような状態が百年以上続いていて、いまだに解決の糸口さえ見出せないのが現状です。
　しかし、みなさんは、音節リズムを習得して、発音の習得の段階を短期間に卒業して、次のもっと重要な段階に進んでもらいたいものです。本書の後半では本格的な英語習得法を余すところなく開陳します。

　ここまで読み進んできて、おおかたの読者が疑問に

思っていると思われること、つまり、なぜこの音節リズムが英語教育で問題にされなかったのかという問題を、発音の講義の最後に取り上げておきましょう。

それには次のような理由があったのではないかと思われます。

じつは文部科学省の指導要領の中で、音節リズムは重要視されてこなかったということがあります。それは、ある英語学の専門書に「音節リズムは重要でない」と明記されていたことが少なからず影響しているものと思われます。

従来、専門書では「英語は強弱リズムが大切であって、音節リズムは重要ではない」とされてきました。これがいつしか日本の英語学の定説になっていたのです。したがって文部科学省も、この説をそのまま受け入れてきたようです。

なぜ音節リズムの理論はドイツ人には重要ではないのか

この「英語には音節リズムは重要ではない」という説はどこから来たのでしょうか。

それは欧米の英語学の定説から来たものでしょう。

欧米の言語学者は、英語は強弱リズムが大切で、音節リズムは重要ではないと言っています。

ヨーロッパの言語はアルファベットで書く言語で、音韻の構造が相互にきわめて似ています。
　たとえば、ドイツ語のschmidtは、英語のsmithに対応する語で、もともとは「鍛冶屋」を意味しています。これが人の姓名になってSchmidt、英語ではSmithとなりました。
　したがって、この語は同根で、発音上も音節リズムが１拍であることも同じです。
　そのためドイツ人が英語を学ぶ場合は、Smithの発音が１拍でなければならないことを、わざわざ教える必要がまったくないのです。
　母国語でSchmidtを１拍で発音するドイツ人が、英語のSmithを発音する時は、何の問題もなく当然のこととして１拍で発音することが出来るのです。
　What is this?は、ドイツ語ではWas ist das?です。文の構造がまったく同じであるばかりでなく、音韻構造も、どちらも３拍で発音することも、まったく同じです。
　このようなドイツ語を母語としているドイツ人が、英語を身につける時、英語の音節リズムを教える必要はまったくないのです。
　ところが、日本人は違います。日本語の音韻構造がしっかり身についている日本人は、Smithをカタカナ読みして「スミス」と３拍で発音します。

1拍だとは夢にも考えません。

したがってドイツ人にはハナから1拍であることを教える必要がないのに対して、日本人には、1拍であることを理論的に教えなければ、たとえ1万回反復練習を重ねても、1拍で発音することはできないでしょう。

つまり、ドイツ人にはまったく英語の音節リズムを教える必要がないという意味で重要ではないのに対して、**日本人には音節リズムを教えることが決定的に重要なのです。**

音節リズムを習得すれば、英語の発音の習得の90％以上は成功したと言ってもよいでしょう。

音節リズムで発音の荒削りが終わり、あとは経験を通して、細部に磨きをかけて仕上げをすることが可能になるからです。

とにかく、**日本人が、通じる英語の発音を身につけるには、正しい音節リズムをまず習得することが大前提である**ことを銘記してもらいたいのです。そうすれば必ず楽しいコミュニケーションが出来るようになるのです。

これで第一部は終わりになりますが、第一部の冒頭に「音節リズムが発音革命になる」と宣言した意味が理解していただけたのではないでしょうか。そして読者の皆さんご自身が「発音革命」を体験されることを切に願って止みません。

第二部

会話実践編

英語革命：Thinking in English

第二部　会話実践編

いよいよ本格的英会話へ

　発音実践編で紹介したように、音節リズムで覚えたいくつかの単語を歯切れよく発信することでコミュニケーションがスタートすると言いました。

　とにかく自分の発音が通じるという自信を持つことがすべての始まりです。発音が通じるという自信がなければ、これ以上先へ進めません。

　たとえばThat's great!は、「素晴らしい」「すごい」「やったね」と、いろいろな場面で、いろいろな意味を込めて使える、それこそGreat!なフレーズです。

　このほかにもThat's fantastic! That's good!などの相づちを、音節リズムで歯切れよく発音をする用意があれば弾んだ会話が始まります。

　しかし、これらの相づちが心から言えるには、相手が言ったことに対して、自分の考えを述べることが出来るように成長しなければ、コミュニケーションは成立しません。

　そうなるには、これからどのような勉強をしたらいいのでしょうか。この会話実践編で詳しく述べることに致します。

　音節リズムの理論で発音に自信を持った読者の皆さんは、いよいよ本格的な英語習得に突入しようとして

います。

　何回も言うように、これまでは発音に自信がなかったので、習得が本格化しなかったのです。

　発音に自信がついたこれからが本番です。これからが英語の本当の楽しみです。

　どこかの誇大な新聞広告が言うように、聞き流すだけで英語が話せるようになるなどということは決してありません。

　英語は一朝一夕には身につかないからこそ、日本人が苦労してきたことは、皆さんがご存知のとおりです。

　また、こういう場面ではこう言うとか、こういう表現があるとか羅列した教材は、すべて暗記ですから、その本をすべて暗記したとしても、その通りに発言できる場面は万が一にもないでしょう。

　問題は応用力にかかっているのです。つまり、これからは応用力が決め手です。

　日本人が最も苦手とする発音は、音節リズムの法則を応用してクリアーする目途がここまでで付いたことでしょう。

　第一の入口である発音でさえ、何の理論もなくただ聞くだけでは身につかなかった理由が、理解できたことと思います。

　その**発音の習得の要点は、すべての英語に通用する音節リズムの法則という理論が必要であった**というこ

とです。

　この理論が示している発音のパターンを、これから出会うすべての単語とフレーズに応用することをひととおり学びました。

　つまり発音には、暗記ではなく、応用力が身につく音節リズムの法則が求められるのです。

　これで発音対策は万全です。

　英語を話すにも、このように、応用力を生み出す理論があるのではないでしょうか。その応用力の原動力になる理論に基づいて、開発された教材を、「なるほど、なるほど」と納得しながら勉強することが出来れば、英語は必ず身につきます。

　しかし本番に突入する前に、もう一つ付け加えておかなければならないことがあります。

「それでも英語のつもりですか」と言いたくなる

　読者の皆さんは、すでに音節リズムの理論を知ったので、この理論を応用して、catは「キャット」ではなく、「ト」を荒削りして「キャッ」と1拍になっているはずです。

　しかし、普通の日本人が写真を撮る時、アメリカ人が"Say cheese."と言うのをまねて「ハイ、チィー

ズ」と言うことがあります。これは何のためでしょうか。

　あなたの魅力的な笑顔の写真が撮りたいからでしょう。しかし、普通の日本人は「荒削り」を知らないので「チィーズ」の「ズ」が強くなって2拍になります。「チィーズーーー」と口をとがらせているのを見ると、「それでも英語のつもりですか。笑顔になっていませんよ」と言いたくなります。

　しかし、本書の読者の皆さんは、「チィー」と言い始めて、シャッターが切れるのが多少遅くなっても、「チィーーーー」と引き延ばして1拍になるはずです。これで満面笑顔の写真が撮れているはずです。

　言い換えれば、**音声が長く延びるのは、母音であって、子音を伸ばすことは出来ない**ということです。

　ですから海外旅行をして緊急事態に直面して大声で「助けてーー」と叫ばなければならない時に、「ヘルプーー」と大声を出しても誰も助けてくれません。「ヘーーーールプ」と言えば助けてもらえるでしょう。

　英語の"Help!"は「ヘーーーールプ」と母音の「エ」が伸びるのであって、「ヘルプーーーー」と子音のPの音を伸ばすことはできないのです。

　老婆心ながら本格的に英語習得に入る前に身近な例としてひと言付け加えておきます。

> # 日本人の最大の問題は
> # 暗記では克服できない語順の問題

　さて、いよいよ本格的な英語力を身につけるには、何をどのように勉強したらいいのでしょうか。

　あなたが目指す英語とは、どんなレベルの英語でしょうか。

　若い人は、大きな目標を持っているのではないでしょうか。それはアメリカの大学レベルのディベーットに参加することでしょうか。それともビジネスで使える英語を身につけたいのでしょうか。それとも海外旅行を更に楽しくしたいのでしょうか。いずれにしても目標はこれくらい高く持つべきでしょう。

　そこに至るには、英語の総合力を身につけなければなりません。なにしろ一国の文化を担っている言葉を身につけるのですから、非常に多岐にわたる知識を英語で学ばなければなりません。

　読者の皆さんは、断片的には、ある程度の知識は既に持っていると言ってよいのですが、それが原動力となって、未来を切り拓く力にはなっていないのではないでしょうか。

　つまり、このやり方で勉強すれば、自信を持って使える英語が身につくという見通しが、まだないのではないでしょうか。

発音では、音節リズムの法則を応用することを学びました。この音節リズムの法則で勉強すれば、必ず通じる発音が身につくことがわかりました。それだけでも大きな前進であることは間違いありません。

　この「通じる発音」を続けていれば、良い結果をもたらすことは間違いないのですが、これからは、それを更にレベルアップして、英語の総合力を身につける方策を探してみましょう。

　皆さんは、これから目指す英語の総合力の習得を、**強力にけん引する理論がある**ことをご存知でしょうか。

　この強力にけん引する理論があることを知らなければ、これまでと同じように、バラバラの知識をただ暗記するだけの勉強になり、英語はいわゆる暗記科目で終わってしまいます。

　英語を暗記科目だととらえると、出来るだけ多くの英単語を覚えるのが英語の勉強の中心だということになりますが、英語と相性の悪い日本語を話している日本人が英語を話すには、暗記では到底克服することのできない、大きな問題があるのです。

　それは、**英語と日本語の語順の違いの問題**です。

　日本人は、これまで英語を暗記科目だととらえて勉強してきましたが、その結果、日本人の英語は、どんなに努力しても得意科目にならなかったばかりか、TOEICなどの国際的英語検定テストでは、常に世界で

最下位国の一つに数えられています。

　これが、日本人には、暗記では到底克服することができない、語順の問題があることの証拠なのです。

日本人と英語の相性論

　英語を暗記科目ととらえて、英単語を覚えることで英語が話せるようになるのは、母国語の構造が、英語の構造と基本的に共通点を多く持っている言葉を話している国々の人たちです。

　つまり母国語が、英語と相性がよいのです。

　たとえば、ヨーロッパの国々の人たちは、英語と相性のいいラテン語系の言葉を母国語としているので、英単語さえ覚えれば、たちまち話せるようになります。

　その単語も、共通の語源を持つ単語が多く、文字もアルファベットで表記する表音文字で、母音と子音で表記しますから、音節リズムが共通していて、容易に理解できるのです。

　ヨーロッパの国々では、このように、母国語が英語と共通点が多く、相性がよいことが、政治家から、ビジネスマン、スポーツ選手などあらゆる分野の人々が、よどみなく英語を話している理由なのです。

　そのほかのアジアやアフリカの国々でも、基本的に

英語と同じ言語構造の言葉を話している人々は、同じように単語を覚えるだけで日常生活には困らない程度の英語が話せるようになります。つまりこのような国々の言語は、もともと英語との相性が良いのです。

最近では2012年に、イスラムの国であるパキスタンのマララという15歳の少女が、もっと勉強がしたいと言い出してタリバンに迫害を受け、銃撃されて重傷を負った事件がありました。

これに対して、国際社会がこの少女を助けて、イギリスで治療を受けさせて、この少女は元気になりました。これを契機に彼女の願いをかなえてやろうと国際社会が動き出して、それまで一度も外国に行ったことのなかった少女が、一躍有名になって国連やヨーロッパの国々に招かれて、英語でスピーチをしました。

「一本の鉛筆をください。一冊のノートがほしい」と教育の重要性を見事な英語で訴えたのです。ノーベル平和賞の候補にさえなりました。

それ以前にも、パキスタンのブット女史は、のちに首相になった人ですが、英国のオックスフォード大学に留学していた時、ディベーッチームのキャプテンを務めて大活躍しました。

このようなことは、日頃話している母国語が、基本的に英語と共通点が多い言語であるということが前提となっているのです。

第二部　会話実践編

　発音と語順の基本的な構造に、英語との共通点があるので、努力に比例して、無理なく英語が習得できるのです。

　極東アジアの中国、韓国、日本、三国の中では、中国語が最も英語に相性がよく、日本語は最も相性が悪いのです。

　中国語は発音も語順の構造も相性がよく、韓国語は、発音は相性が良いのですが、文の構造は日本語と同じですから、この点では英語との相性は良くないのです。

　しかし韓国語は、発音だけでも相性が良いということが大きな利点になっています。

　その証拠に、アメリカで活躍している韓国の女子プロゴルファーが数人いますが、全員、アメリカのTV局のインタービューを見事に英語でこなしています。

　残念ながら日本人プロゴルファーはプレーはさておき、英語では引けを取ります。

　このように、**母国語が英語と相性の良い国の人々は、特に強力な学習理論がなくても、英単語を暗記するだけで日常の英語は話せる**ようになります。

　しかし、日本語は、発音も語順の構造も相性がよくないので、単語を暗記しただけでは話せるようにならないのです。

　どんなに多くの単語を暗記しても、通じない発音のままでは何の役にも立ちません。

69

また、暗記した単語を日本語の語順で発しても、英語にはなりません。

つまり、日本人は、根性はあっても、英語との相性がよくないので、どんなに努力しても英語が話せるようにならないのです。

ですから**日本人には、発音にも会話にも、特別に強力な学習理論が必要**なのです。

相性が良くない英語を学ばなければならない日本人

相性が良いか悪いかは、母国語が基本的に英語と相似性のある言語構造を持っているかどうかで決まります。

もう少し詳しく説明しますと、英語の基本構造は「主語＋動詞」＋「目的、条件、理由、その他の要素」です。

それに対して日本語の構造は、「主語＋目的＋条件その他の要素」をすべて言い終わって、最後に「＋動詞」という構造です。つまり動詞が文の最後尾になるのです。

結論を先送りする思考習慣が脳に染みついている日本人

　このように、文の結論である動詞を、最後に考える習慣が身についている日本人が英語を話すには、最初に、つまり主語の直後に結論である動詞を言わなければならないのですから、これははなはだ勝手が違う話なのです。

　日本人は、結論の動詞を言う前に、こまごまと条件や目的、理由を考えるのに時間をかけて、結論を先送りする思考習慣がしっかり脳に染みついているのです。

　結論を先送りするばかりか、ときには言わないことすらあるのです。

　ですから、日本人が英語を聞く時には、文のはじめに、**主語の直後に動詞が聞こえても、それは日本人には想定外のことですから、その瞬間には聞き取れなくて戸惑っている間に、話は既に先へ進んでしまっている**ということが、次々に連続して起きているのです。

　日本人が、このように相性が悪い英語を聞き、話すには、**単語を暗記しただけでは決して乗り越えることが出来ない困難がある**のです。

　しかし、日本人の英語習得には、このように暗記では乗り越えることが出来ない困難があるということが、学校では教えられていません。

つまり現状認識が甘いので、これに対する対策がされていないのが現状です。
　これに対して、母国語が英語と相性のよい国の人々は、母国語の文法や語順を類推して英語を理解することが出来るので、早く英語に順応して話せるようになるのです。
　ところが、日本人が生まれた時から使っている日本語は、結論である動詞を最後に言う話し方を身につけて話しているのですから、この話し方を変えて、最初に、主語に続いて結論である動詞を言う英語の話し方をするのは、簡単なことではないのです。
　日本人は、このように相性が良くない英語を、話さなければならないという宿命を負っているのです。

苦手の発音には、音節リズムの法則という助っ人がいる

　発音実践編で学んだように、発音についても、英語との相性がよくないので、そのために、日本人はただ聴くだけでは発音は身につきません。いまだに大変苦労をしています。
　しかし、いま発音実践編を読んだ皆さんは、音節リズムの法則という強力な理論を学んで、発音の苦手意識を克服することが出来るという希望が持てたのでは

ないでしょうか。

　その決め手は、まず**音節リズムの理論に基づいて、発音の荒削りをして、通じる発音に改造する**ことでした。

　ところが、英語の語順の違いをどう克服するかは、発音とは比べものにならないほど困難な問題があるのです。

　それは**日本語の語順から離れて、英語の語順に順応する**という問題ですから、年齢が大いに影響します。

　早い話が、高校2年生までに、全生活が英語の環境に入った人は、ほぼ完ぺきに英語の語順に順応することが出来るようになるようです。

　以前、アメリカンフィールドサービスという、高校生を留学させる制度があって、若い生徒がアメリカで学ぶ機会が与えられました。現在、立教大学教授の鳥飼玖美子氏は、そのような一人です。

18歳以上になると極めて強力な学習理論が必要

　しかし、このような条件がかなえられない状況では、いろいろな困難が伴います。

　まず、年齢の問題です。大学生になる18歳以上になると、年齢を加えるごとに、英語の語順に順応する

頭脳の柔軟性、可塑性は急速に低下するからです。
　普通の日本人は全生活を英語の環境で生活することはできません。
　韓国では、都市の郊外に、英語村という英語環境を作って、若い世代の生徒にそこで、全ての生活をさせるということをしています。
　これには、韓国語は、発音は英語と相性は良いけれども、語順は日本語と同じで相性が悪いので、若い段階で語順の問題を克服するというねらいがあると思われます。
　このような良い条件が得られない、普通の日本人が英語を習得するには、**きわめて強力な学習理論が必要**になります。

　どんなに多くの英単語を覚えても、それを日本語の語順で並べたのでは英語にはなりません。**正しい英語の順序で並べて初めて英語になる**のです。しかもそれを次々に瞬間的に発しなければならないのです。
　その英語の基本構造の要点は、文のはじめに、主語と述語動詞が固く結合しているのですから、どんなときにも主語のすぐ後に瞬間的に動詞を言う習慣を身につけなければならないということです。

第二部　会話実践編

語順の違いを克服する理論とは

　この語順の問題の要点は、主語の直後に瞬間的に動詞を言うことです。

　これは英語を読み、書き、聞き、話す、すべてに共通する問題ですから、英語を身につけなけなければならない日本人にとっては、きわめて重要な課題です。

　この主語の直後に瞬間的に動詞を言うという難問を解決して、話せる英語の習得を可能にするには、どのような理論で、どのような訓練をしたらよいのでしょうか。

　発音に、音節リズムの法則という強力な理論があったように、この語順の問題にも、そのような強力な理論があるのでしょうか。

　しかし、いまだかつてそのような理論を提唱した人はいませんでした。

　日本人が英語を話すには、主語の直後に瞬間的に、反射的に動詞を言わなければならないという問題を解決しなければなりません。つまり語順の問題を克服しなければなりません。

　この語順の問題は、単語の暗記や文法の暗記では到底克服できない困難な問題なのです。

そのためには、「**英語で考える力**」が**必要**なのです。

日本人は「英語で考える力」がないので、英語が話せないのです。

日本人は、英語を話すにも、日本語で考えて話そうとしているので、英語が話せないのです。

ですから、日本人が英語を話すには、「英語で考える力」が必要なのです。

しかし、「日本人は英語で考える力がないから、英語が話せないのだ」と言っていながら、英語を話すには、「英語で考える力が必要だ」というのは、ないものねだりの循環論ではないでしょうか。

これでは、日本人は、結局、英語は話せないということになってしまいかねません。

日本人の現状は、大学を卒業するまで10年間勉強しても、英語がほとんど話せないのですから、この循環論から一歩も脱脚できていないとしか言いようがありません。

かつて、"Thinking in English" というフレーズが流行していた

しかし、今から50年以上も前の1960年代に、英語を勉強していた人は、あるいは「英語で考えることが

重要だ」と言われていた時代があったことを、筆者以外にも覚えている人がいるかもしれません。

その当時「英語で考えることが重要だ」と常套句のように言われていました。

そして誰もが、確かにその通りだと考えていました。

アメリカ人が、英語を話す時には、英語で考えているに違いありません。

筆者が、まだ英語が自由に話せなかった時でしたが、当時は英単語をたくさん覚えさえすれば話せるようになるのではないかと考えたりしていました。

しかし、アメリカの子どもは、わずかな単語しか知らなくても英語を立派に話しているのです。

それは少ない単語でも、英語で考えているから英語が話せるのだと思いました。

少ない単語でも、英語で考えているからこそ、単語が英語の語順で出てくるのです。アメリカ人は、成長する過程で通常では「英語で考える力」を自然に身につけています。

日本人は、どんなに頑張っても「英語で考える力」が身につきません。

しかし、日本人がさんざん苦労して悩んでいる発音では、音節リズムの法則という強力な理論を学んで、日本人でも通じる発音が身につくことがわかりました。

ですから、この「英語で考える力」を身につけるに

も、発音と同じように、強力な理論の助けがあるのではないでしょうか。

"Thinking in English"「英語で考える」とはどういうことなのか

かつて1960年代は、1964年の第一回の東京オリンピック開催を控えて、1945年の敗戦以来、何回目かの英語ブームに沸いていた時代でした。

そんななかで、英語教育界では「英語で考えることが重要だ、大事だ」とひんぱんに言われていました。それはあたかも、それを言えばその通りになる魔法のことばででもあるかのようでした。

ところが、そんなある時、当時英語界きっての論客であった、同時通訳者の国弘正雄氏が、老舗出版社の研究社が発行していた月刊誌「時事英語研究」（現在廃刊）で、「英語で考えることが重要だという人がいるけれども、英語が話せる人の境涯を言っているのであればともかく、初心者には何の益にもならないのではないか」という趣旨の発言をしたのです。

これは、日本人が、英語が話せないのは、英語で考えることが出来ないからだと言いながら、英語で考えることが重要だというのは、まさに初心者には無益な循環論法でしかない、という指摘だったのです。

その時以来、英語で考えることが重要だという人は、ぱったり、いなくなってしまいました。
「英語で考えるとはどういうことか」を、提示しなければならなくなったからです。
あれから半世紀50年の時が過ぎました。今では、「英語で考えることが重要だ」といわれていた時代があったことさえ知らない、遠い過去の話になってしまいました。そして、日本人は依然英語が話せないまま低迷しています。

しかし、筆者は「英語で考える」ことが重要なのではないのか、自分自身「英語で考える」ことが出来ないので話せないのではないのか、という考えから離れることが出来ませんでした。
発音は、自信を持って発音できるようになっているのに話せないのは、「英語で考える」ことが出来ないからではないのか、と考え悩んでいました。
その昔、ガリレオ・ガリレイは、当時の常識であった天動説に対して、地動説を唱えて宗教裁判にかけられた時、「それでも地球は動く」と言ったと伝えられています。
先に紹介した同時通訳者の国弘正雄氏の「英語で考えることが重要だというのは、初心者には何の益にもならない」という発言があったときに、筆者は「**それ**

でも英語で考えることが重要ではないのか」という追求を諦めることができませんでした。

「おととい」を即座に言えなかった体験

そんなある時、知り合いのアメリカ人宣教師さんと話していた時、「おととい」と英語で言えなくて大変もどかしい、悔しい体験をしました。

「今日」「きのう」は、単語が一つなのですぐに言えるのに、「おととい」はどうしても言えませんでした。

なぜ言えないのだろうか、と考えました。

「おととい」は「きのうの前の日」と言わなければならないというところまでは、思い出しました。

「きのうの」だから、まずyesterdayが頭に浮かんできました。

次に「きのうの前の」だから、before yesterdayが頭に浮かんできたのです。

つまり日本語の順序で英語が頭に浮かんできたのです。

しかし、そのあたりで頭が混乱して、結局、そのあとは何も言えなかったのです。25歳の時の私の英語はその程度でした。

しかし、このようにもどかしい、悔しい体験をした

ことがきっかけになって、その後、日本人が「英語で考える」とは「英語の語順で考えることである」という定義をすることにつながったのです。

> ### この定義をしたことが
> ### その後の英語習得を強力にけん引した

そしてこの定義をしたことが、筆者自身のその後の英語習得を、強力にけん引する理論となったばかりでなく、多くの日本人の英語習得を、強力に成功へ導きました。

つまり、「英語で考えるとは、英語の語順で考えることである」と定義したことが、大きな転換点になったのです。

大学受験では、多くの大学受験生の偏差値が急上昇し、TOEICなどの国際的資格認定テストでは、多くのビジネスマンやビジネスウーマンが、大幅に得点を伸ばし、満点もしくはそれに近い高得点をもたらすことに貢献したのです。

> ### 悔しい体験が
> ### 「英語の思考法」への道を開いた

このように、筆者が、「おととい」が即座に言えな

かったという、悔しい体験をしたことで、「おととい」がスムースに言えなかったのは、結局、日本語で考えたことを、英語で言おうとしていたので、こんなに簡単なフレーズでさえ言えなかったのだ、ということに気がついたことが、転換点になったのです。

　The day before yesterdayが言えなかったのは、「きのうの前の日」と日本語に翻訳して、日本語の語順で考えていたのにすぎなかったことに気がついたのです。

　The dayが、先に口に出てこなかったのは、「きのうの前の日」と翻訳をしただけで安心していたので、そのために、日本語の語順で最初の「きのう」が、英語で頭に浮かんで来たのです。しかし、これでは**英語で話す準備にはなっていなかった**ことに気がついたのです。

　結局、翻訳をしただけでは、英語の語順で英語を話す勉強をしたことになっていなかったことに気がついたのです。

　この経験をしたことで、the day before yesterdayというフレーズを覚える時、**the day**「その日」、**before yesterday**「きのうの前の」と、英語の語順を**そのまま覚える**のが、「英語で考える」ことになるのだと悟ったのです。

　このような勉強をしなければ、どんなに多くの英単

語を覚えても、英語は話せるようにならないということがわかったのです。

このようにして、「**英語で考えるとは、英語の語順で考えるということである**」と自分で定義したことで、「**英語の語順で考えること**」が、「**英語の思考法**」であることがわかったのです。

この「おととい」というフレーズを、このように「英語の思考法」、つまり「英語の語順で考える力」で勉強すると、「おととい」と対句の「あさって」を言うのに応用して、**まずthe dayをさっと言ってから、**after tomorrowと言えるようになりました。

この体験をしたことで、the dayとafter tomorrowを切り離して**その順序を変えずに覚えるのが英語の勉強なのだ**と悟ったのです

これが、inputの極意だということがわかったのです。

つまり、英語を話すことを目的に勉強するには、**英語の語順を覚えることを目標に勉強しなければならない**ことが分かったのです。

この英語の語順を覚えるためには、翻訳をしたのでは、英語の思考法を混乱させるだけで、かえって有害であることもわかりました。

日本人は、明治時代から平成の現代にいたるまで、140年以上にわたって翻訳を目的に、英語を勉強してきました。しかし、翻訳は、返り読みをして日本語の語順にするのですから、英語の語順で考える英語の思考法とは、相反することをしてきたのです。
　つまり、英語を翻訳することを目的とした英語学習が、英語の語順で考えて、英語でコミュニケーションをしなければならない現代の時代的要請に応えていないということがわかったのです。
　「英語で考えるとは、英語の語順で考えることである」と定義したことで、翻訳は、英語で考えて英語を話せるようになることと相反することをしていたことが明らかになりました。

　日本人は、明治以来、莫大な時間とエネルギーを傾注して翻訳をして来ました。それは「英語で考えるとは、英語の語順で考えることである」という定義がされていなかったので、日本語の語順にする翻訳が、「英語の語順で考えること」と相反する努力であったことが、明らかにならなかったからでしょう。
　母国語が英語と相性のいい国の人々は、英語を話す時、英語の語順とほとんど同じ構造の母国語に助けられて、日本人が英語を話す時のように、母国語の語順によって頭が混乱させられることはないのです。

ところが、日本人が英語を話すときには、英語の語順で考えることができないので、日本語にかく乱されて、頭脳が停止してしまうのです。

　つまり翻訳をすると、英語の語順を壊して日本語の語順にするので、英語の語順で考えて話すことを妨害するのです。

　したがって、日本人は、**英語の語順を壊さないで、英語をinputする工夫をしなければ、英語で考えて英語を話すことが出来るようにならない**のです。

　「英語で考えるとは、英語の語順で考えることである」という定義をした結果、このようなことが、明らかになったのです。

　日本人は、18歳を過ぎると、ますます日本語とのなじみが深まり、英語の語順では違和感がつきまとうので、翻訳をして日本語の語順にしないとしっくり理解できなくなります。これは、翻訳主義が根深く主流をなしてきたことの罪業でしょう。

　しかし返り読みする翻訳主義では、現代の時代的要請には応えられません。英語の語順で考える英語の思考法に反するからです。

　そこで筆者は、英語の語順を崩さないで訳をする同時通訳方式を独自に開発し、1978年に「同時通訳方式大学受験長文読解養成講座」を世に問いました。

これによって返り読みする翻訳では出来なかった、英語の速読即解が出来るようになり、受験生の偏差値が急伸して、大学受験の秘密兵器と呼ばれました。この講座の受講生が大学受験で大成功したばかりでなく、大学を卒業したのち、その英語力を武器に活躍しています。
　また1988年にスタートした通信講座「スーパーエルマー　リスニング講座」の受講生の中には、TOEICテストでリスニング満点を達成した受講生がすでに150人に達しており、中には満点を複数回達成した人もいます。
　このような実績が「英語の語順で考える英語の思考法」の理論が正しいことを証明しています。

　さて、もとに戻って、この考え方を「週」に応用すると「今週」this week、「来週」next week、「再来週」the week / after next weekですが、最後の「再来週」ではweekが重複していてフレーズが冗長になるので、最期のweekは省略してthe week / after nextになります。
　同じように、「先々週」もthe week / before lastとなります。
　このように「英語で考える」、つまり「英語の語順で考える」と、英語を覚えるのがだんだん楽しくなって

来ます。

　この考え方を「月」に応用すると、「今月」this month、「来月」next month、「再来月」は？　これは英語ではあまり言わないようですが、強いて言えば、the month / after nextです。

　更にこれをseasonに、yearに、centuryに応用するとどうなるでしょうか。これは、皆さんが英語で考えるための宿題にしておきましょう。

　このような英語で考える力を身につけると、勉強が楽しくなってきます。知識もどんどん増えて、考える能力を無限に引き出すことが可能になるのです。

　このような展開は、暗記主義の勉強からは出てこないものです。

　これこそが「英語の思考法とは、英語の語順で考えることである」という理論を応用して、理論的に考える勉強の大切なところではないでしょうか。

　ここで英文法のことを説明しておきますと、このthe day after tomorrowを、the dayとafter tomorrowに分離すると、その結果、the dayは名詞で、after tomorrowは前置詞句であると分析することが出来ます。この前置詞句はthe day（名詞）を修飾しているので形容詞の働きをしています。したがって、形容詞句とも呼ばれます。

この名詞＋形容詞句で言い表すフレーズが、英語には非常にたくさんあります。

　以前、ニューヨークに行った時、英語の世界地図を求めようと思って書店に入りました。店員に"I want to buy a world map."と言っても通じないのです。

　もちろん、音節リズムが正しいことには自信がありました。何回か"A world map"と言うと、店員は大きな声で、"Oh, a map of the world."と言って持ってきてくれました。

　日本人は日本語の語順と同じa world map「世界地図」が使いやすいのですが、ネイティヴには、このa map of the worldつまり「地図」「世界の」と、名詞＋形容詞句の形のほうが慣れ親しんだ言い方なのでしょう。

　ここでもa map of the worldを「世界地図」と訳しただけで安心していては、英語を身につけたことにならないことを経験しました。

　つまり「地図」「世界の」と、「英語の語順で考える、英語の思考法」で覚える必要があったのです。

「英語の語順で感じる」ことで英語の感性を知る

　日本人は日ごろ日本語を話していますから、心で感

じたことも日本語で言い表しているわけです。

たとえば有名なアメリカの小説「風と共に去りぬ」は、Margaret Mitchellの唯一の作品で、日本語に翻訳されてこの表題になっていますが、もとの表題は"Gone with the Wind"であることは、つとに知られている通りです。

この小説が、一つの時代が過ぎ去ったことをテーマにした、一大叙事詩であることは、日本語に訳された「風と共に去りぬ」という表題からも感じ取ることができます。

しかし、この日本語に翻訳された表題から受ける感じと、英語の"Gone with the Wind"から直接受ける感じとの間には少し違うものがあります。

英語では、先頭の"Gone"で、まず「過ぎ去った、もういなくなった」という寂しさを先に感じて、そのあとで"with the Wind"「風と共に」という条件もしくは情景が説明されています。

それに対して、日本語では「風と共に」という情景もしくは条件が先に説明されて、そのあとで「過ぎ去った」という結論が述べられています。

英語では「もう過ぎ去った」という動詞で、結論を先に言って、その寂しさを感じたあとで、「風と共に」という情景を考えます。ここでも先に述べた、結論を最初に言ってしまうという、英語の基本を学ぶことが

出来ます。

つまり「風と共に去りぬ」と翻訳をしただけでは、「英語は英語の語順で感じ考える、英語の思考法」を身につけたことにはならないのです。

しかも、英語の"Gone"は現在完了形です。現在完了形であるということは、過ぎ去った結果「今はもうここにない」という寂しさが、情景抜きに表現されているのです。

"Gone with the Wind"を「風と共に去りぬ」と日本語に翻訳して、このフレーズを丸暗記しただけでは、英語を勉強したことにならないのです。"Gone / with the Wind"と分離して読むことが、英語を読んで感じる本当の感じ方になるのです。

たとえば、これが歌詞の一部であれば、"Gone"に「過ぎ去った」という感情を込めて歌って、"with the Wind"では軽く流すという歌い方になるのではないでしょうか。

ですから私は**英語を読むということは、「英語の語順で感じ考える」ということである**と思うのです。

ここで再度英文法に触れておきますと、"Gone"は動詞で、"with the Wind"は前置詞句です。この前置詞句は前の動詞を修飾する副詞句として使われています。このように前置詞句は、形容詞句や副詞句として用いられる非常に有用なフレーズです。

第二部　会話実践編

　ともかく、発音実践編で述べたように、筆者が約40年前の1978年に、同時通訳方式（Simultaneous Interpretation Method）として、「大学受験・英語長文読解力養成講座」通信講座を開講したのは、この「英語で考えるとは、英語の語順で感じ考えることである」という理論を提唱して始めたことでした。

　その結果、長文読解で悩んでいた、多くの大学受験生が長文の速読即解が出来るようになって、他の受験生を尻目に偏差値が急伸して、大変喜ばれました。

「未完成から完成へ」

　英語の速読法というと、以前から「直読直解」とか「速読即解」という四字熟語はありましたが、そこに至る方法論は何も提示されていませんでした。

　私は、この前人未到の英語の速読力の習得には、「未完成から完成へ」という習得の過程が必要であることを提案しました。

　従来の、返り読みをする翻訳では、速読にはならないのですから、速読力という新しい英語力を習得するには、初歩から到達点までの中間に、**翻訳ではなく、英語の語順で訳をする同時通訳方式訳（SIM訳）という、新しい訳を**中間目標にすることを提案しました。

つまり、the day before yesterdayを、「きのうの前の日」と翻訳するのではなく、「その日」、「きのうの前」と英語の語順訳をする同時通訳方式の訳（SIM訳）を中間目標として、速読力をつける道筋を提唱したのです。これによって英語の速読法という難題を、日本で初めて開拓することに成功したのです。

　とにかく、返り読みする翻訳をしていたのでは、速読力が身につくことはないのですから、このように初歩から到達点までの中間に、SIM訳をするのです。

　しかし、SIM訳が、中間目標とは言っても、日本語の語順にする翻訳を最終目標にするのではありません。**最終目標は、古くから言われている「直読直解」「速読即解」**なのです。

英語の語順訳（SIM訳）をなぞる

　同時通訳方式（SIM方式）で英語を読むとは、「英語の語順で考えながら読む」ということです。ですから、日本語の語順にする翻訳はしません。日本語の語順にしない**SIM訳**をします。

　英語で文章を書く時、英語の語順で考えながら書くのですが、これは無から有を作り出す作業ですから、英文を読むことで「英語の語順で考える力」を身につ

けた後のことになります。

　英語を話すにも、英語の語順で話す。聞くにも英語の語順で聞くのです。

　英語を書く、話す、聞く、これらはまず英語の語順で読むことによって、「英語の語順で考える力」を養成した後でとり組むことになります。

　つまり最初は、英語の語順で読むことによって、「英語の語順で考える力」をつけて、次に英語の語順で、書き、話す勉強をします。

　最後に「英語の語順で英語を聞く」勉強をすることになります。

　これが順序です。

　聞くのは、瞬間、瞬間が勝負ですから、英文を直読直解して読むことで「英語の語順で考える力」が付いてからになります。

　しかし、この「英語で考える力」をつけるのは「言うは易く行うは難し」です。日本語に翻訳する習慣が定着している日本人の頭に、突然、英語の語順で考えさせるのは、口で言うのは簡単ですが、実際はそうはいきません。

　しかも、これが習慣になるまで定着させるのは、容易なことではありません。

　しかし、これをやらなければ、英語で考えながら英語を読み、英語が話せるようにならないのです。その

ためには、**日本語の語順にしないSIM訳をした英文を朗読してなぞる**ことが大切なのです。

さあこれから始めることにしましょう。

「英語の語順で考える力」はまず読むことから始める

くり返しになりますが、読み、書き、聞き、話すことが、すべて英語の語順で出来るようになるには、まず「英語の語順で読む」ことから始めます。英語の語順で読むことで、「英語の語順で考える習慣」を身につけるのです。

そのためにはSIM訳をした英文を反復朗読して、英語で考える習慣を身につけるのです。

これを「SIM朗読」と言っております。ここが従来の日本人の英語の勉強法とは大きく異なるところです。

従来、日本人の英語の勉強法は、日本語に翻訳して、その日本文を熟読して、内容を理解しようとしてきました。そのあと単語を覚えるのが英語の勉強だと考えられていました。

しかし、それでは翻訳した訳文で内容を理解しようとしているのですから、英語の語順は身につかず、日本語を勉強しているようなものでした。

そのような勉強では、「英語の語順で考える力」を身

につけることはまったく考えられていませんでした。

　今でも日本の英語の授業では、返り読みをして日本語に翻訳をすることが求められているだけで、「英語の語順で考える力」をつけることはまったく考えられていません。

　それはそのはずです。現在「英語で考えることが重要だ」ということ自体がタブーとされていて、「英語で考えることが重要だ」というコンセンサスがないのですから当然です。

　さらに、「英語で考える」とはどういうことなのか、英語教育界でまったく追求されたことがなく、コンセンサスがないのですから、目標になるはずがないのです。

　これでは、「英語で考える力」を身につけることは、まったく不可能です。

　筆者は、「英語で考えるとは、英語の語順で考えることである」と定義しました。これに向かって努力するのが英語の勉強であると考えました。

　「英語の語順で考える、英語の思考法」をなぞって身につけるのが、新しい時代の英語の習得の目的であると確信しています。

　そのためには、「**英語の語順で考える、英語の思考法」を身につけるために時間をかけるのが、新しい時代の英語の勉強法**なのです。

さあ、これから実際の英文をSIM方式で読むことから始めましょう。

英語の語順で考えながら、英文を読む

次の英文には、句切りごとに、つまりセンスグループごとに、対応する訳（以下SIM訳という）が書かれています。

このSIM訳は英語の構造に忠実な訳なので、日本語としてはあまり美しくない場合もありますが、**英語の語順で理解するための直訳**です。

これに習熟することによって、「英語の語順で考える英語の思考法」が身につき、英文を直読直解する力がつき、その結果、英語で考える力がつき、英語で考えながら話す力が、格段に身につくのです。

このSIM訳は、本来、各自の頭の中でするものですから、このSIM訳を参考にして、自分で工夫することを推奨します。句切りごとにSIM訳が付いているからといっても、最初から意味が理解できるということはないかも知れません。

センスグループ相互の意味関係がわかるまで、この文を最低10回、あるいはそれ以上読んでください。

英文の句読点は、センスグループ相互の意味関係が

わかるための重要な手掛かりになります。

> ## 限りなく英米人と同じ読み方、つまり直読直解をする

これをすることで皆さんは、英米人が英文を読んでいる状態に限りなく近い状態で読んでいることになります。つまり直読直解しているのです。

最初はあまり速いスピードで読むことが出来ないでしょう。

しかし、このSIM訳つきの英文を何回も朗読することによって、この読み方、つまり読み下し読みが身について、徐々に直読直解していることが実感出来るようになります。

言葉の習得は、母国語でも同じですが、何回も反復して身につくのです。

《実践練習》

A thing あるもの　left behind 忘れられた

My one ambition 私の一つの野心は　in life 人生の　had always been ずっと次のことであった　to become なることで　a writer. 作家に。
So in September, 1970, それで9月に、1970年の、　I quit the company 会社を辞めた　I had been working at ずっと働いていた　for eight years 8年間　as an office worker 事務員として　and decided そして決めた　to become one. 作家になることを。

Questions
① What did he want to be?
He wanted to be/_____
② When did he quit the company?
He quit the company/_____
③ How long did he work there?
He worked there/_____
④ Why did he quit the company?
He quit the company/ because_____

Question①の答え方

　日本語では「何になりたかったか」に対して「作家になりたかった」ですが、英語では「なりたかった、作家に」です。この英語の語順が、日本語とは逆であることが勉強のポイントです。

　つまり、"He wanted to be" の、この出だしが大事なのです。まず "He wanted to be" を言ってなぞることによって、英語の順序で考える習慣を身につけていることになるからです。

　これを省略して、"A writer" と答えて良しとしたら、日本語で考えて答えているだけで、英語の語順で考えたことにはならないのです。日本語で考えた「作家に、なりたかった」の最初の語を言っただけであって、これでは英語の語順で考えていないからです。

　この答えの出だしの "He wanted to be" は、質問文を引き取って肯定文にしているだけです。

　このように、英語の質問とその答えとは、同文の肯定文であるという密接な関係があるのです。これが英会話の基本的な構造なのです。

　日本語には、このような基本的構造はありません。

　落語にもあるように、「おめえ何食いたい：What do you want to eat?」に対して、「おれ

は、うなぎだ：I am unagi.」で立派な日本語ですが、英語では、これは間違いで、通用しません。

　英語では、質問とその答えの文の構造が、このように一致することを筆者は「一致の法則」と言っています。

　このように英語の質問に対して答えるには、疑問文から引き取って、"He wanted to be"と即座に言うことを習慣にしなければなりません。これを言ったあとで、一息入れて答えを考えるために時間を取ることを勧めています。

　この部分を即座に言う練習をすれば、これが英語で考えていることになり、本物の英語が早く身につくことになります。

　しかし、日本人は、この即座に言える出だしの部分を省略する傾向がありますが、それは危険な兆候です。この出だしが常に言えるようになっていればよいのですが、そうなっていないのに省略すると、いつまでもこの部分がきちんと言えないことになります。これでは「英語の語順で考える力」を付ける訓練にならないからです。

　ここで、この問題に関連して、筆者が忘れることのできない見聞をしたことを記しておきましょう。

　それは、アメリカの第37代大統領Richard

> Nixon氏（在任1969－74）が、1991年にソビエト連邦が崩壊した歴史的大事件について、元大統領として、TVインタビューを受けていた中でのことでした。
>
> 　質問者が、Why did it happen so soon?と問いかけたのに対して、さすがの元大統領もたじたじの様子でしたが、ややあって、Well, it happened so soonと言って、更に間を取ったあと、because 〜〜と答えていました。
>
> 　筆者は英語の質疑応答の「一致の法則」を考えついたばかりの時でしたので、この見聞はわが意を得たりの喜びでありました。

The first thing　最初のことは　 I did　私がした　 was to make　作ることだった　a strict schedule　厳しい予定を　 for myself;　私自身のために；つまり　 writing　書くこと　 every morning　毎朝　 from eight until noon,　8時から正午まで、 taking exercise　運動をすること　 and　そして　 doing household chores　家庭の雑用をすること　 in the afternoon,　午後に and reading　そして読書すること　 in the evening.　夕刻に。

Questions

⑤ What did he do first when he quit the company? The first thing he did was/_____

⑥ What were the schedules for himself? They were/_____

英文法は役に立つのか

　ここまで英文を読んできて、文法が気になった読者も多いのではないかと思います。

　前に前置詞句の話をしました。この句切られている各部を文法的に分析できることは結構ですが、今はとにかく読み下し読みを習得することに集中することを考えてもらいたいのです。

　英米人は、文法はあまり考えないで直読直解で読んでいるのです。日本人も、国文法はまったく知らないと言ってよいのですが、日本語を読んでいます。

　英語の語順で考えることが出来てくれば、文法抜きでも英語が読めることを実感してもらいたいのです。

　そのためには、この英文を朗読してなぞることです。日本語のSIM訳は朗読する必要はありません。

第二部　会話実践編

> 多くの方から、この句切りには何か法則があるのかという質問を受けますが、それもこの読み方にある程度習熟してから説明いたします。

Although I succeeded　成功したけれども　in producing　作りだすことに　one long novel　1つの長編を　and several short stories　それに数編の短編を　during the first nine months,　最初の9カ月の間に、　every publishing company　あらゆる出版社が　I showed them to　それらを見せた　refused　断った　to print them.　それらを印刷することを。

Questions
⑦ How many novels and stories did he produce during the first nine months?
He produced/_____during the time.
⑧ What was the answer when he showed them to publishing companies?
The answer was/_____

This was not very encouraging　これは力付けなかった　for a young writer　若い作家には　and I found myself　それに自分が分かった

losing hope. 希望を失いつつある。 To make matters worse, より悪いことに、 the money お金が I had saved 貯金していた during my years 働いていた間に at the company 会社で enough, I thought, 十分だと思った、 to live on 生活するのに for one year 一年間 was beginning to run out. なくなり始めていた。

> **Questions**
> ⑨ How did he feel when he was refused to print his works?
> He felt/_____
> ⑩ What happened to him to make matters worse?
> His money was beginning/_____

Then, one morning そんな時、ある朝 in July 7月の of the following year, 次の年の、 I was reading 私は読んでいた the morning paper 朝刊を when a name その時ある名前が in the bottom 最下段の right hand corner 右隅の of the third page 第3頁の caught my eye; 私の目に入った； it was my own. それは私自身の名だった。 "Urgent: 「至急: Martin J. Oakwood, マーチンJ. オークウッドさん、 please call Jeff ジェフに電話をしてください between 1 and 3 p.m. 1時から3時の間に at 509-1151." 509-1151に」

Questions

⑪ What did he find in the morning paper?
He found/_____
⑫ What was he asked to do?
He was asked/_____
⑬ Who asked him to call? _____ asked him to call.
⑭ Did you find who wrote this article?
Then who was it? It was/_____

It gave me それが私に与えた a funny feeling 変な感じを to see 見たことが my own name 自分の名を in the paper. 新聞で。 But しかし what really bothered me 本当に私を困らせたことは was that, 次のことだった、 no matter how hard どんなに頑張って I searched 探しても my memory, 自分の記憶を、 I could think of no one, 一人も思いつくこ

とが出来なかった　among my relatives or acquaintances　親戚や知り合いの中に　by the name of Jeff.　ジェフの名前で。　What did this stranger want　何をこの未知の人物は求めているのか　with me?　私に。

> Questions
> ⑮　Was Jeff his acquaintance?

At eight o'clock,　8時に、　I sat　私は座った　in front of my typewriter　タイプライターの前に　and tried to write.　そして書こうとした。
But for the first time　しかし初めて　since I had started writing,　書き始めて以来、　I was unable to make　作ることが出来なかった　even one sentence　ただの一文さえ。
At a quarter　15分に　to one,　1時前の、　I left　私は出た　my apartment　アパートを　and walked　そして歩いた　to the subway station　地下鉄の駅へ　where there were　そこにはあった　lots of telephone booths.　多くの電話ボックスが。　I didn't have　持っていなかった　a phone　電話を　in my apartment　自分のアパートに　because I think　思うので　a

第二部　会話実践編

telephone robs one　電話が人から奪うと　of his privacy,　その人の自由を、　and being a writer,　それに作家でいるには、　privacy was　個人の自由が　an important factor　重要な要素だった　in my life.　私の生活の。

Questions

⑯　What for did he go to the subway station?
　　H went to the station/_____
⑰　Why didn't he have his telephone in his room?
　　He didn't have it because/_____

As a rule,　原則として、　I borrowed　借りた　my next door neighbor's phone　隣の家の電話を　whenever　いつでも　I had to make　しなければならない時は　a call,　電話を、　but on this occasion,　しかしこの際は　not knowing　知らなかったので　what kind of a conversation　どんな会話を　I was going to have,　しようとしているか、　I didn't want　欲しなかった　anyone　誰にも　to hear it.　それを聞くのを。

107

At one o'clock sharp, 1時丁度に、　I dialed ダイアルした　509-1151 509-1151を　and waited そして待った　for the voice 声を to answer. 返答の。　A woman's voice said, 女性の声が言った、　"This is the editor's desk, 「編集部です、　Daily Telegram," 日刊テレグラム」のと。　I thought 思った　to myself, 自分で、　"That's my newspaper," 「これは自分の新聞だ」と、　and then, そして、　clearing my throat, のどをクリアにして、　I said, 言った　"I'd like to speak 「話したいのですが　to Jeff, please. ジェフさんに。」

After a short time pause, 短い時間の中断のあと、　Jeff came on ジェフさんが出て　and introduced himself そして自分を紹介した　and I told him そして私は彼に言った　who I was. 私が誰かを。　He explained 彼は説明した that he had been sitting 彼が座っていたことを　next to me 私の隣に　on the subway 地下鉄で　the day before あの前日に　and that I had left そして私が忘れたことを　a large envelope 大きな封筒を　on the seat 座席に　when I got off. 降りた時。

The envelope contained その封筒は中に入れてい

た　my novel　私の小説を　　and he admitted　そして彼は認めた　　shyly　恥ずかしそうに　that he had taken the liberty　彼が勝手にしたことを　　of reading it.　それを読んだことを。"With your permission,　「あなたの許しを得て、We would like to use it　我々はそれを使いたい　in our Sunday edition,"　日曜版で」と、　the editor said,　編集者は言った。Needless to say,　言うまでもなく、　it was all right　それは問題なかった　　with me,　私には、　I smiled and added,　笑って付け加えた、"Maybe I should leave　もしかしたら忘れるべきですね　a few more of my stories　もっと私の小説を　　on the subway."　地下鉄に。」

最後に、このような句切り方には、何か法則があるのか、という質問に答えなければなりません。

その答えをひと言で言うと、センスグループで句切るということです。日本語では「弁慶が薙刀を持って京の五条の橋にさしかかりました」という文を読むのに、句切りが大事であることを示す話があります。「べんけいがな、ぎなたをもってさ、しかかりました」ではだめなのです。「正しく句切らなければならない」ということです。これ

は文法の話ではなく、日本人であればだれでも正しい句切りができるのです。しかもその句切りの入れ方は、幾通りもあります。それは教えられて覚えたことではなく、日本語を聞いて覚える過程で自然に身についたものです。耳で聞いて覚える言葉には息つぎのための間があるのです。それを文字すると、間が見えなくなります。

　我々日本人の英語は、自然に身についたものではなく、文字で勉強して覚えたものです。その英語には句切りはありませんでした。

　しかし、私たちが今学んでいるテキストには、その間が見えるように句切りをつけて印刷されています。これが、**英語のネイテイヴに限りなく近い読み方、つまり直読直解**をしている状態なのです。この英語の間を利用して、次々に次のことばを考える英語の思考法が身につくのです。

　ですから、このSIM訳付きの英語を多読して「英語の語順で感じ考えること」をなぞっていると、自然に句切りがわかって身につくのです。

　これが同時通訳方式（SIM方式）の最大の効果ではないでしょうか。

　これで、英語の語順で聞くリスニングの準備が整いました。つまり、リスニングは、直聞直解が絶対条件ですから、直読直解、速読即解が出来る

ことが前提条件です。

　日本語でも、句切りの入れ方は幾通りもあるように、英語でも幾通りも可能です。つまり多少長くしたり、短くしたりすることも出来ます。

　基本的には、短いほど、英語の語順に忠実になりますが、あまりに短くすると、慣れないうちは違和感を感じることがあります。

　そのような時は多少長くするとよいでしょう。ただし句切りが短いほど直読直解になることを忘れないでください。

　多くの英語の先生が多読を勧めます。確かに多読は必要です。しかし、英語を翻訳して読んでいたのでは、一文を読むにも時間がかかり過ぎて、多読は出来ません。SIM訳で直読直解をすることで初めて多読が可能になるのです。

　これからは出来るだけ多くの英文を直読直解し、その結果、英文の速聞即聴も出来るようになって、多くの英語を聞いて理解することが重要です。

　さて、このSIM朗読を10回ほどしてみて、はじめはしっくり理解できなかったかも知れませんが、意外に文意がわかりやすいということを発見した方も多いのではないでしょうか。実は、**SIM訳は翻訳よりやさしいのです。翻訳は前後の語句を並べ替えて、日本語の語順にするのに大変時間**

がかかりますが、SIM訳はその必要がないのです。
　また、翻訳では何年勉強しても句切りが身につきません。これが翻訳の最大の問題点かも知れません。人は文を読むにしても聞くにしても、また書くにしても話すにしても、句切りで時間を取って、次の語句を考えるのです。
　そのために句切りで間をとる必要があるのです。この考えるための間が、句切りなのです。翻訳では、何年勉強してもこの句切りが身につかないのが、致命的なことではないでしょうか。
　以下では、同じ英文のセンスグループを縦に並べてあります。これを用いてSIM朗読してください。さらに効果的なSIM朗読が出来ると思います。

A thing left behind

あるもの 忘れられた

My one ambition	私の一つの野心は
in life	人生の
had always been	ずっと次のことであった
to become	なることで
a writer.	作家に。
So in September, 1970,	それで9月に1970年の、
I quit the company	会社を辞めた
I had been working at	ずっと働いていた
for eight years	8年間
as an office worker	事務員として
and decided	そして決めた
to become one.	作家になることを。

Questions

⑱ What did he want to be?
He wanted to be/_____

⑲ When did he quit the company?
He quit the company/_____

⑳ How long did he work there?

> He worked there/ _____
> ㉑ Why did he quit the company?
> He quit the company/ because_____

The first thing	最初のことは
I did	私がした
was to make	作ることだった
a strict schedule	厳しい予定を
for myself;	私自身のために；つまり
writing	書くこと
every morning	毎朝
from eight until noon,	8時から正午まで、
taking exercise	運動をすること
and	そして
doing household chores	家庭の雑用をすること
in the afternoon,	午後に、
and reading	そして読書すること
in the evening.	夕刻に。

> **Questions**
> ㉒ What did he do first when he quit the company?
> The first thing he did was/_____
> ㉓ What were the schedules for himself?

第二部　会話実践編

> They were/_____

Although I succeeded	成功したけれども
in producing	作りだすことに
one long novel	１つの長編を
and several short stories	それに数編の短編を
during the first nine months,	最初の９カ月の間に、
every publishing company	あらゆる出版社が
I showed them to	それらを見せた
refused	断った
to print them.	それらを印刷することを。

Questions

㉔　How many novels and stories did he produce during the first nine months?
　　He produced/_____during the time.

㉕　What was the answer when he showed them to publishing companies?
　　The answer was/_____

This was not very encouraging	これは力付けなかった
for a young writer	若い作家には

115

and I found myself	それに自分が分かった
losing hope.	希望を失いつつある。
To make matters worse,	より悪いことに、
the money	お金が
I had saved	貯金していた
during my years	働いていた間に
at the company	会社で
enough, I thought,	十分だと思った、
to live on	生活するのに
for one year	一年間
was beginning to run out.	
	なくなり始めていた。

> **Questions**
> ㉖ How did he feel when he was refused to print his works?　He felt/_____
> ㉗ What happened to him to make matters worse?
> His money was beginning/_____

Then, one morning	そんな時、ある朝
in July	7月の
of the following year,	次の年の、
I was reading	私は読んでいた

the morning paper	朝刊を
when a name	その時ある名前が
in the bottom	最下段の
right hand corner	右隅の
of the third page	第3頁の
caught my eye;	私の目に入った；
it was my own.	それは私自身の名だった。
"Urgent:	「至急：
Martin J. Oakwood,	マーチンJ オークウッドさん、
please call Jeff	ジェフに電話をしてください
between 1 and 3 p.m.	1時から3時の間に
at 509-1151."	509-1151に」

Questions

㉘ What did he find in the morning paper?
He found/_____

㉙ What was he asked to do?
He was asked/_____

㉚ Who asked him to call? _____ asked him to call.

㉛ Did you find who wrote this article?
Then who was it? It was/_____

It gave me	それが私に与えた
a funny feeling	変な感じを
to see	見たことが
my own name	自分の名を
in the paper.	新聞で。
But what really bothered me	しかし本当に私を困らせたことは
was that,	次のことだった、
no matter how hard	どんなに頑張って
I searched	探しても
my memory,	自分の記憶を、
I could think of no one,	思いつくことが出来なかった　一人も
among my relatives or acquaintances	親戚や知り合いの中に
by the name of Jeff.	ジェフの名前で。
What did this stranger want	何をこの未知の人物は求めているのか
with me?	私に。

Questions

㉜ Was Jeff his acquaintance?

At eight o'clock,	8時に、
I sat	私は座った
in front of my typewriter	タイプライターの前に
and tried to write.	そして書こうとした。
But for the first time	しかし初めて
since I had started writing,	書き始めて以来、
I was unable to make	作ることが出来なかった
even one sentence	ただの一文さえ。
At a quarter	15分に
to one,	1時前の、
I left	私は出た
my apartment	アパートを
and walked	そして歩いた
to the subway station	地下鉄の駅へ
where there were	そこにはあった
lots of telephone booths.	多くの電話ボックスが。
I didn't have	持っていなかった
a phone	電話を
in my apartment	自分のアパートに
because I think	思うので
a telephone robs one	電話が人から奪うと
of his privacy,	その人の自由を、
and being a writer,	それに作家でいるには、

privacy was	個人の自由が
an important factor	重要な要素だった
in my life.	私の生活の。

> **Questions**
> ㉝ What for did he go to the subway station?
> He went to the station/ _____
> ㉞ Why didn't he have his telephone in his room?
> He didn't have it/ because _____

As a rule,	原則として、
I borrowed	借りた
my next door neighbor's phone	
	隣の家の電話を
whenever	いつでも
I had to make	しなければならない時は
a call,	電話を、
but on this occasion,	しかしこの際は
not knowing	知らなかったので
what kind of a conversation	
	どんな会話を
I was going to have,	しようとしているか、

I didn't want	欲しなかった
anyone	誰にも
to hear it.	それを聞くのを。
At one o'clock sharp,	1時丁度に、
I dialed	ダイアルした
509-1151	509-1151を
and waited	そして待った
for the voice	声を
to answer.	返答の。
A woman's voice said,	女性の声が言った、
"This is the editor's desk,	「編集部です、
Daily Telegram,"	日刊テレグラム」のと。
I thought	思った
to myself,	自分で、
"That's my newspaper,"	「これは自分の新聞だ」と、
and then,	そして、
clearing my throat,	のどをクリアにして、
I said,	言った
"I'd like to speak	「話したいのですが
to Jeff, please.	ジェフさんに。」
After a short pause,	短い時間の中断のあと、
Jeff came on	ジェフさんが出て
and introduced himself	そして自分を紹介した

and I told him	そして私は彼に言った
who I was.	私が誰かを。
He explained	彼は説明した
that he had been sitting	彼が座っていたことを
next to me	私の隣に
on the subway	地下鉄で
the day before	あの前日に
and that I had left	そして私が忘れたことを
a large envelope	大きな封筒を
on the seat	座席に
when I got off.	降りた時。
The envelope contained	その封筒は中に入れていた
my novel	私の小説を
and he admitted	そして彼は認めた
shyly	恥ずかしそうに
that he had taken the liberty	彼が勝手にしたことを
of reading it.	それを読んだことを。
"With your permission,	「あなたの許しを得て、
We would like to use it	我々はそれを使いたい
in our Sunday edition,"	日曜版で」と、
the editor said,	編集者は言った。
Needless to say,	言うまでもなく、

it was all right	それは問題なかった
with me,	私には、
I smiled and added,	笑って付け加えた、
"Maybe I should leave	もしかしたら忘れるべきですね
a few more of my stories	もっと私の小説を
on the subway."	地下鉄に。」

A thing / left behind 《全文》

My one ambition / in life / had always been / to become / a writer. / So in September, 1970, / I quit the company / I had been working at / for eight years / as an office worker / and decided / to become one. / The first thing / I did / was to make / a strict schedule / for myself; / writing / every morning / from eight until noon, / taking exercise / and / doing household chores / in the afternoon, / and reading / in the evening. / Although I succeeded / in producing / one long novel / and several short stories / during the first nine months, / every publishing company / I showed them to / refused / to print them. / This was not very encouraging, / for a young writer / and I found myself / losing hope. / To make matters worse, / the money / I had saved / during my years / at the company / enough, I thought, / to live on / for one year / was beginning to run out. / Then, one morning / in July / of the following year, / I was reading / the morning paper / when a name / in the bottom / right hand corner / of the third page / caught my

第二部　会話実践編

eye; / it was my own. / "Urgent: / Martin J. Oakwood, / please call Jeff / between 1 and 3 p.m. / at 509-1151." / It gave me / a funny feeling / to see / my own name / in the paper. / But what really bothered me / was that, / no matter how hard / I searched / my memory, / I could think of no one, / among my relatives or acquaintances / by the name of Jeff. / What did this stranger want / with me? / At eight o'clock, / I sat / in front of my typewriter / and tried to write. / But for the first time / since I had started writing, / I was unable to make / even one sentence / At a quarter / to one, / I left / my apartment / and walked / to the subway station / where there were / lots of telephone booths. / I didn't have / a phone / in my apartment / because I think / a telephone robs one / of his privacy, / and being a writer, / privacy was / an important factor / in my life. / As a rule, / I borrowed / my next door neighbor's phone / whenever / I had to make / a call, / but on this occasion, / not knowing / what kind of a conversation / I was going to have, / I didn't want / anyone / to hear it. / At one o'clock sharp, / I dialed / 509-1151 / and waited / for the voice / to answer. / A woman's voice said, / "This is the editor's desk, / Daily Telegram," / I thought / to myself, / "That's my newspaper," / and then, / clearing my throat, / I said, / "I'd like to speak / to Jeff, please. / After a short time pause, / Jeff came on / and introduced himself / and I told him / who I was. / He explained / that he had been sitting / next to me / on the subway / the day before / and that I had left / a large envelope / on the seat / when I got off. / The envelope contained / my novel / and he admitted / shyly / that he had taken the liberty / of reading it. / "With your permission, / We would like to use it / in our Sunday edition," / the editor said, / Needless to say, / it was all right / with me, / I smiled and added, / "Maybe I should leave / a few more of my stories / on the subway."

KEEP UP YOUR GOOD WORK!

著者プロフィール

ダン 上野（だん うえの）

1935年佐賀県生まれ。中央大学法学部卒。前東京SIM外語研究所所長。独自に考案したSIM方式（同時通訳方式）に基づき、1978年大学受験・英語長文読解力養成講座（初級・中級）を発行。大学受験の秘密兵器と呼ばれる。88年に「同時通訳方式リスニング養成　スーパーエルマー・CBSコース」、90年に「VOAコース」を発行し、TOEIC, TOEFLで高得点を取る受講生が続出し、TOEICテストではリスニング満点を達成した受講生が150人に達している。著書には共著『やり直す人のための使える英語』（日本実業出版社）、単著『SIM方式英会話こうすれば速く身につく』初級・中級・上級（日本実業出版社）がある。

英語は英語で考えないと話せません

2014年9月5日発行

著者	ダン上野
発行・発売	創英社／三省堂書店
	〒101-0051　東京都千代田区神田神保町1-1
	Tel 03-3291-2295
	fax 03-3292-7687
印刷・製本	シナノ書籍印刷

©Dan Ueno　　不許複製　　Printed in Japan
ISBN 978-4-88142-867-2　C0082　￥1400E